Aristoteles
Der Staat der Athener

Übersetzt und herausgegeben
von Martin Dreher

Philipp Reclam jun. Stuttgart

Griechischer Originaltitel:
ΑΘΗΝΑΙΩΝ ΠΟΛΙΤΕΙΑ

Umschlagabbildung:
Athenisches Tetradrachmon, um 480 v. Chr.

RECLAMS UNIVERSAL-BIBLIOTHEK Nr. 3010
Alle Rechte vorbehalten
© 1993 Philipp Reclam jun. GmbH & Co., Stuttgart
Revidierte und bibliographisch ergänzte Ausgabe 2009
Gesamtherstellung: Reclam, Ditzingen. Printed in Germany 2009
RECLAM, UNIVERSAL-BIBLIOTHEK und
RECLAMS UNIVERSAL-BIBLIOTHEK sind eingetragene Marken
der Philipp Reclam jun. GmbH & Co., Stuttgart
ISBN 978-3-15-003010-3

www.reclam.de

Inhalt

Einleitung 5

    Die Textüberlieferung 5   Aufbau und Inhalt 7
    Sprache und Stil 14   Autorschaft 16   Abfassungs-
    zeit und spätere Änderungen 18   Quellen 20
    Wissenschaftliche Bedeutung und historische Zuver-
    lässigkeit 24   Zu dieser Übersetzung 26

Literaturhinweise 29

Der Staat der Athener 33

Anhang

Die Fragmente des verlorenen Anfangs 107
Die Epitome des Herakleides Lembos 110

Glossar 113

Einleitung

1. Die Textüberlieferung

In seinem Bemühen, sämtliche Wissensgebiete seiner Zeit aufzuarbeiten, hat Aristoteles auch eine Sammlung von Verfassungen angelegt, die er in der *Nikomachischen Ethik* (1181 B 15–24) selbst als Grundlage seiner weiteren Untersuchungen zum Bereich der Politik bezeichnet. Nach den zuverlässigsten antiken Zusammenstellungen beschrieb das Werk 158 Verfassungen, die allesamt nicht im Corpus Aristotelicum überliefert und heute bis auf die athenische Verfassung verloren sind. Zwar haben zahlreiche antike Autoren auf die aristotelischen Texte verwiesen oder daraus zitiert, so daß die moderne Standardsammlung von V. Rose Fragmente aus 68 oder vielleicht 69 Verfassungen zusammenstellen konnte, aber eine zusammenhängende Darstellung läßt sich daraus in keinem Fall rekonstruieren.

So war auch der *Staat der Athener* bis gegen Ende des 19. Jahrhunderts lediglich aus 91, häufig gleichlautenden Fragmenten bekannt. 1879 erwarb das Ägyptische Museum in Berlin einen Papyrus (später Inventarnr. 5009 der Papyrussammlung der Staatlichen Museen Berlin), der im folgenden Jahr von F. Blass veröffentlicht und 1881 von T. Bergk als Text der aristotelischen *Athenaíon politeía* identifiziert wurde. Die Identifizierung war umstritten, und Bergk selbst konnte nicht glauben, daß die *Athenaíon politeía* die ausführlichen Zitate aus Solons Gedichten enthalten habe, die eines der beiden Papyrusfragmente aufwies. Erst der Londoner Papyrus beseitigte die Zweifel und ließ erkennen, daß der Berliner Papyrus Teile von Kap. 12, 13, 21 und 22 wiedergab.

Dieser Londoner Papyrus (jetzt P. Lond. 131 der British Library) ist gegenüber dem Berliner viel umfangreicher und enthält den Großteil der aristotelischen Schrift. Er wurde

1888–89 vom Britischen Museum in Ägypten gekauft und im Februar 1890 von F. G. Kenyon identifiziert. Nach einer ersten Ankündigung in der *Times* vom 19. Januar 1891 legte Kenyon schon am 30. Januar 1891 die »editio princeps« vor, eine Faksimile-Ausgabe erschien am 1. März.

Der Papyrus umfaßt vier Rollen, auf deren Vorderseiten sich Rechnungen aus dem zehnten und elften Regierungsjahr des Kaisers Vespasian, also 77/78 und 78/79, befinden. Bei der Verwendung der Rückseiten wurde auf einen Teil von Rolle α zunächst eine Zusammenfassung (*hypóthesis*) und der Beginn eines Kommentars zur 21. Rede des Demosthenes (»Gegen Meidias«) geschrieben. Der Rest dieser und die übrigen drei Rollen sind vom anderen Ende her mit einer Kopie der *Athenaíon politeía* bedeckt, die Ende des 1. oder Anfang des 2. Jahrhunderts n. Chr. entstanden ist. In den insgesamt 36 Kolumnen lassen sich die Handschriften von vier Schreibern unterscheiden, von denen jeweils unterschiedlich große Teile des Textes stammen und die sich auch gegenseitig korrigiert haben.

Der größte Teil des Textes ist recht gut lesbar, wenngleich an einzelnen Stellen die Lesungen der Herausgeber differieren; die allermeisten Ergänzungen sind inzwischen unstrittig. Schlechter ist der Erhaltungszustand des Papyrus gegen Ende des Textes, besonders ab Kol. 31 (Kap. 64), obwohl auch hier der Text, vor allem mit Hilfe von Zitaten aus antiken und byzantinischen Lexika, weitgehend zuverlässig wiederhergestellt worden ist. Nur ein längeres Textstück in Kol. 34 (Kap. 67,4–68,1) ist so stark zerstört, daß eine Rekonstruktion, obwohl man sie versucht hat, doch sehr unsicher bleiben muß (s. Anm. zur Stelle).

Der Text, der in verschiedenen Editionen zur Verfügung steht, beruht natürlich ganz überwiegend auf dem Londoner Papyrus; nur vereinzelt ergeben sich geringfügige Variationen aus dem Berliner Papyrus oder aus den Lexikonzitaten. Der Papyrustext ist ohne Unterteilung fortlaufend geschrieben. Die Einteilung in Kapitel hat zuerst Kenyon vorgenommen (für Kap. 1–63 in seiner Erstausgabe, für

Kap. 64–69 in seiner Berliner Ausgabe von 1902), die weitere Unterteilung in Paragraphen stammt von Kaibel und Wilamowitz (in der 1. Aufl. von 1891).

2. Aufbau und Inhalt

a) Titel

Die antiken Quellen, die die aristotelischen Darstellungen der verschiedenen Verfassungen aufzählen, nennen die vorliegende Schrift *Athenaíon politeía*, und diese Bezeichnung dürfte auf den Verfasser selbst zurückgehen. *Athenaíon* ist der Genitiv des Plurals *hoi Athenaíoi* »die Athener«, mit dem die Athener in der Antike nicht nur sich als Bürger, sondern auch die Gesamtheit ihres Staates bezeichneten; das Abstraktum *Athenai*, aus dem unser »Athen« entstanden ist, verwendeten sie in diesem Sinn nicht, gerade nicht in offiziellen, uns verschiedentlich inschriftlich erhaltenen Dokumenten. Wenn die vorliegende Schrift insbesondere ab Kap. 51 immer wieder damit einsetzt, daß »sie« (im Griechischen im Prädikat impliziert) ein Amt oder eine sonstige Einrichtung hätten oder besetzten, dann sind als Subjekt immer die Athener vorausgesetzt, auch wenn für die deutsche Version eine Konstruktion mit »man« oder mit dem Passiv gewählt wird.

politeía bedeutet die Gesamtheit aller Einrichtungen und Vorgänge, die an die Staatlichkeit der antiken Polis gebunden sind. Die Übersetzung dieses Begriffs ist in jedem Fall problematisch. Er enthält auch Elemente, welche die moderne Staatslehre dem Bereich der Gesellschaft zuordnen würde; aber die begriffliche Unterscheidung zwischen Staat und Gesellschaft war in der Antike noch nicht getroffen. Die Wiedergabe des Titels mit *Verfassung der Athener* ist aus diesem Grunde vielleicht allzu eingeschränkt, obwohl sie sicherlich den größten Teil der Schrift zutreffend kennzeichnet. Außerdem aber legt dieser Terminus das Mißverständnis nahe, es habe im antiken Athen eine schriftlich ausgearbeitete, einmal beschlossene Verfassung gegeben, wie wir sie aus modernen Staaten kennen, während es sich dort in Wirklichkeit um eine Vielzahl von Gesetzen und auch ungeschriebenen Traditionen handelt, die zu einer gültigen Ordnung gleichsam zusammengewachsen sind. Dessenungeachtet wird *politeía* innerhalb der vorliegenden Schrift durchaus auch so verwendet, daß man das Wort aus dem Zusammenhang heraus am besten mit »Verfassung« übersetzt. Für den Titel jedoch scheint mir *Staat der Athener* vorzuziehen zu sein, wobei »Staat« in dem weiteren Sinn des Begriffs zu verstehen wäre, den die modernen Wissenschaften lieber mit dem Konzept vom »politischen System« ausdrücken.

b) Der verlorene Anfang

Der erste Schreiber hat vor der ersten Kolumne 16,5 cm Platz gelassen, bevor er mit dem unvollständigen ersten Satz begann. Das läßt darauf schließen, daß der Anfangsteil der aristotelischen Schrift bereits in der Vorlage, von der der Papyrus kopiert wurde, gefehlt hat. Den Inhalt dieses Teils können wir aus den daraus herrührenden Fragmenten, insbesondere der Epitome des Herakleides Lembos (in der vorliegenden Ausgabe abgedruckt im Anschluß an den Text), sowie aus der eigenen Zusammenfassung des Autors in Kap. 41,2 ungefähr rekonstruieren.

Berichtet wurde zunächst die Abfolge der frühen Könige Attikas, von denen der erdgeborene Kekrops der erste war. Besonders hervorgehoben waren Ion, für den das Amt des Polemarchen eingerichtet wurde, und der die vier Phylen schuf, sowie Theseus, der die Einwohner der zwölf Städte Attikas zur Schaffung des politischen Zentrums Athen bewog, dem Eupatriden-Adel eine gegenüber der übrigen Bevölkerung besondere Stellung verlieh, vielleicht den Rat auf dem Areopag einrichtete und die Macht des Königs einschränkte. Eine neue, von Kodros gegründete Königsdynastie wurde dann ab Medon dazu gezwungen, als Archonten zu amtieren, wobei dieses Amt zunächst auf Lebenszeit, dann auf zehn Jahre vererbt wurde. Später erhielten alle Eupatriden Zugang zu diesem höchsten Amt, und ab Kreon (683/682) wurde es jährlich neu besetzt.

Das sind die Grundzüge der legendären Frühgeschichte Athens, wie man sie sich im 4. Jahrhundert v. Chr. zurechtlegte. Daß zu dieser Zeit wahrscheinlich niemand an ihrer Historizität zweifelte bzw. überhaupt danach fragte, macht sie freilich für die moderne Wissenschaft um nichts glaubwürdiger (vgl. dazu Abschn. 7). Die Darstellung dieser Periode zu Beginn der *Athenaíon politeía* dürfte etwa fünf Kapitel umfaßt haben, die in der vorliegenden Übersetzung ungefähr vier Seiten ausmachen würden.

c) Der historische Teil (Kap. 1–41)

Kap. 1–41,1 geben einen historischen Abriß der inneren Organisation Athens von der vorsolonischen Zeit (nach den aristotelischen Angaben ans Ende des 7. Jahrhunderts v. Chr. zu setzen) bis zum Jahr 403 v. Chr., als nach der Beseitigung der Tyrannis der Dreißig eine Verfassung eingerichtet wurde, die wieder demokratisch war und im wesentlichen noch zur Zeit der Abfassung der *Athenaíon politeía* (um 330–325, s. Abschn. 5) Bestand hatte. Obwohl wir von einigen durchaus wichtigen Veränderungen Kenntnis haben, die im Lauf des 4. Jahrhunderts vorgenommen wurden, hat der Autor diese Zeit als eine Einheit behandelt, in der er keine grundlegende Verfassungsänderung mehr erkannte. Bis einschließlich 403 v. Chr. unterscheidet er hingegen insgesamt elf Verfassungsänderungen (*metabolaí*), die er in Kap. 41,2 rückblickend noch einmal aufzählt. Dabei führt nicht jeder Umschwung einen Schritt weiter auf dem Weg zur Demokratie, aber jeder Schritt in Richtung Demokratie geht weiter als der vorherige, wie es P. J. Rhodes formuliert hat. Es ist daher vielleicht zu Recht geschlossen worden, obwohl es vom Autor nicht ausdrücklich gesagt wird, daß er in der »extremen« Demokratie des 4. Jahrhunderts die endgültige Form der athenischen Politeia sieht, auf die hin sie angelegt war und auf die sie sich von Anfang an, wenn auch nicht gradlinig, zubewegt hat. Den jeweiligen Abschnitten der athenischen Geschichte wird in der Darstellung unterschiedlich viel Raum gewährt, und Unterschiede bestehen auch darin, daß manchmal die Ereignisse, die zu einer Verfassungsänderung führten, und manchmal die fertige Gestalt einer Verfassung ausführlicher beschrieben werden.

Inhaltsübersicht (nach Kapiteln):

1–4	Die vorsolonische Zeit	
	1	Kylon
	2	Bürgerkrieg. Gegensatz Arm – Reich
	3	Staatsordnung der alten Zeit
	4	Drakons Verfassung (wohl interpoliert, s. u.)
5–12	Solon	
	5	Einsetzung Solons
	6	Lastenabschüttelung σεισάχϑεια
	7–8	Gesetze und Verfassung
	9	Beurteilung der Verfassung
	10	Reform von Maßen, Gewichten, Münzen
	11–12	Folgen von Solons Maßnahmen
13–19	Bürgerkrieg und Tyrannis	
	13	Bürgerkrieg zwischen den Parteiungen
	14–15	Machtergreifung des Peisistratos
	16	Herrschaft des Peisistratos
	17–18	Hippias und Hipparchos
	19	Sturz der Tyrannis
20–22	Von Kleisthenes bis zum Ende der Perserkriege	
	20	Kleisthenes und Isagoras
	21	Reformen des Kleisthenes
	22	Von Kleisthenes bis zu den Perserkriegen

23–28	Von den Perserkriegen bis zu den Nachfolgern des Perikles	
	23–24	Regierung des Areopag. Herrschaft im Seebund. Zahl der Amtsträger
	25	Ephialtes
	26	Kimon. Veränderungen 460–450
	27	Perikles
	28	Politische Führer nach Perikles
29–33	Die Herrschaft der Vierhundert und der Fünftausend	
	29	Einsetzung der Vierhundert
	30	Die Verfassung für die Zukunft
	31	Die Verfassung für die Gegenwart
	32–33	Herrschaft der Vierhundert und der Fünftausend
34–40	Die Herrschaft der Dreißig	
	34	Einsetzung der Dreißig
	35	Herrschaft der Dreißig
	36–37	Beseitigung des Theramenes
	38	Absetzung der Dreißig
	39–40	Aussöhnung und Amnestie
41	Zusammenfassung des 1. Teils	

d) Der systematische Teil (Kap. 42–69)

Der zweite Teil, etwa halb so lang wie der erste, beschreibt die athenische Staatsordnung zur Zeit der Abfassung der Schrift. Nach Ansicht des Verfassers hatte sie seit 403 v. Chr. keine grundsätzlichen Veränderungen mehr erlebt; er weist aber verschiedentlich darauf hin, daß manche Gegebenheiten seiner Zeit sich gegenüber früher geändert hätten oder erst seit kurzem so praktiziert würden (z. B. 54,7). Zwei Stellen verweisen auf den historischen Teil, und zwar eher implizit die Nennung (47,1) des solonischen Gesetzes zur Erlosung der Schatzmeister der Athena, deutlicher dann der

Hinweis in 55,1, daß von der Einsetzung der neun Archonten schon früher gehandelt worden sei.

Kap. 42 ist dem zweiten Teil sicherlich deshalb vorangestellt, weil es sozusagen die Voraussetzung der Demokratie, den aktiven Staatsbürger, zum Gegenstand hat; es behandelt die Registrierung und die militärische Ausbildung der jungen Bürger. Die Untersuchung der Politeia ist im folgenden nach den staatlichen Institutionen gegliedert. Behandelt werden erloste Amtsträger, wobei insbesondere den Ratsmitgliedern und den Archonten längere Abschnitte gewidmet sind, gewählte Amtsträger und schließlich die Gerichte.

Inhaltsübersicht (nach Kapiteln):

42	Die Staatsbürger	
	42,1–2	Registrierung der Jungbürger
	42,3–5	Ephebendienst
43–62	Erloste und gewählte Amtsträger	
	43,1	Einteilung der Amtsträger
43,2–49	Der Rat	
	43,2–44	Prytanen. Durchführung der Volksversammlungen
	45,1–3	Rechtliche Befugnisse
	45,4	Vorbereitung der Volksversammlungen
	46	Schiffsbau und Bauten
	47–48	Amtsträger mit finanziellen Aufgaben
	49	Verschiedene Überprüfungen
50–54	Jährlich erloste Amtsträger	
	50–51	Für die städtische Ordnung
	52–53	Für rechtliche Aufgaben
	54	Für verschiedene Aufgaben
55–59	Die neun Archonten	
	55–56,1	Einsetzung
	56,1–7	Archon
	57	Basileus

58	Polemarchos
59	Thesmotheten
60	Die Athlotheten (für vier Jahre erlost)
61	Gewählte militärische Amtsträger
62	Regelungen für Amtsträger und Besoldungen
63–69	Die Gerichte

63–65	Auslosung der Richter
66	Zulosung der Amtsträger. Auslosung weiterer Aufgaben
67	Verfahrensregeln für Prozesse
68–69	Größe der Gerichte. Abstimmungen. Bezahlung

Die in der *Athenaíon politeía* gegebene Darstellung der athenischen Verfassung des 4. Jahrhunderts ist, soviel wissen wir aus anderen Quellen, nicht vollständig. Zum einen erfährt das Gremium, das die wichtigsten politischen Entscheidungen traf, also die Volksversammlung, keine eigene Behandlung; über ihre Zusammensetzung und ihren Ablauf wird nichts gesagt, lediglich ihre Zuständigkeiten werden im Abschnitt über den Rat (43,4–6) aufgezählt. Zum anderen wird das seit den Reformen von 403/402 für die Gesetzgebung zuständige Gremium, die Nomotheten, überhaupt nicht erwähnt; ebenso sind, wie sich aus Inschriften und Rednern ergibt, weder die Ämter noch die verschiedenen Gerichtsverfahren vollständig genannt. Auch die Verleihung des Bürgerrechts an Nichtbürger findet keine Berücksichtigung. Leichter als für solche Auslassungen läßt sich ein Grund dafür angeben, daß ein großer Teil der Bevölkerung Athens, nämlich Frauen, Metöken und Sklaven, so gut wie keine Rolle spielt und nur nebenbei einmal erwähnt wird: Der Autor konzentriert sich ganz auf die Träger des Staates, also auf diejenigen, die berechtigt sind, aktiv an der Staatsverwaltung Anteil zu nehmen, und das waren nur die erwachsenen männlichen Bürger.

Die einzelnen Abschnitte der Darstellung sind, ebenso wie im ersten Teil, durchaus unterschiedlich gewichtet. Während manches, wie etwa der Schlußsatz über den Rat (49,5), sehr summarisch ausfällt, wirkt anderes, insbesondere die Auslosung der Richter (63–65), geradezu detailverliebt; das ist zweifellos auf individuelle Interessen und Vorlieben des Verfassers zurückzuführen.

e) Der Schluß

Der Schreiber der vierten und letzten Rolle beendete die 36. und letzte Kolumne mit einem kleinen Ornament. Er war zweifellos am Ende seiner Vorlage angelangt, und nichts deutet darauf hin, daß das gesamte Werk ursprünglich länger gewesen sei. Abschließende oder zusammenfassende Bemerkungen, mit denen eine moderne Schrift üblicherweise endet, sind auch in anderen antiken Texten eher selten zu finden.

3. Sprache und Stil

Die *Athenaíon politeía* unterscheidet sich in Sprache und Stil deutlich von den anderen aristotelischen Werken. Sowohl die spekulativen Werke, die sich mit früheren Theorien auseinandersetzen, als auch die biologischen Schriften, die aus einer Vielzahl von beobachteten Fakten generelle Schlüsse ziehen, erfordern von ihren Gegenständen her eine andere Terminologie und einen anderen sprachlichen Aufbau als die *Athenaíon politeía*, die konkrete Verhältnisse darstellt; im ersten Teil wird aus verschiedenen Quellen eine zusammenhängend erzählte Geschichte der athenischen Verfassung gewonnen, im zweiten Teil eine Analyse der Verfassung in der Zeit des Autors vorgenommen. Soweit man Vergleiche hat, läßt sich zeigen, daß sich der Verfasser auch sprachlich sehr eng an seine Quellen anlehnt: im ersten Teil z. B. an Herodot, im zweiten an die athenischen Gesetze. Die Tatsache, daß die Terminologie stark von anderen aristotelischen Werken abweicht, daß insbesondere viele Wörter verwendet sind, die sonst bei Aristoteles und auch in der übrigen Prosa des 4. Jahrhunderts nicht vorkommen, und daß umgekehrt viele von Aristoteles häufig gebrauchte Termini fehlen, ist letztlich kein zwingendes Argument gegen die Autorschaft des Aristoteles, sondern läßt sich durchaus mit dem besonderen Gegenstand der Schrift erklären (s. auch Abschn. 4).

Ebenso wie die Gewichtung der Inhalte bietet auch ihre sprachliche Durchgestaltung ein sehr unterschiedliches Bild. Auf der einen Seite ist das Bemühen erkennbar, den Stoff in ein lesbares Griechisch zu bringen. Verschiedentlich, wenn auch nicht durchgängig, vermeidet der Verfasser den Hiatus; manchmal umgeht er, aber auch hier nicht sehr weitgehend, die von seinem Gegenstand, gerade der Aufzählung gesetzlicher Bestimmungen, nahegelegte Eintönigkeit, indem er seine Formulierungen variiert. Darüber hinaus lassen sich Ansätze zu kunstvollerer Prosa erkennen. Einige Sätze sind aus wohlausbalancierten Elementen komponiert, und mehrere Formulierungen weisen eine metrische Struktur auf, von der aber umstritten ist, ob sie in der Absicht des Verfassers lag oder sich unbewußt ergeben hat. Sicher in den meisten Fällen beabsichtigt ist eine Art von Ringkomposition, die einen zusammengehörigen Abschnitt mit einer dem Eingangssatz ähnlichen Formulierung abschließt. Das Verfahren ist im ersten Teil häufig, bot sich aber auch für den zweiten Teil der Schrift an, in dem das Material durch dieses sprachliche Mittel analytisch gegliedert werden sollte (z. B. 47,1–49,5; 50,1–55,1).

Auf der anderen Seite hat man viele Beispiele für nachlässige und unbeholfene Formulierungen ausgemacht, die nicht selten auch den Sinn der Aussagen miß- oder unverständlich werden lassen. Besonders problematisch ist Kap. 24,2–3, aber Ungereimtheiten und plötzliche Sprünge kommen im gesamten Text vor, z. B. wenn als Beleg für die Zugehörigkeit Solons zur mittleren Schicht in Kap. 5,3 ein solonisches Gedicht zitiert wird, das gerade darüber nichts enthält. Einige dieser Mängel sind vielleicht auf die Unachtsamkeit der Abschreiber zurückzuführen; mit entsprechenden Textverbesserungen (Konjekturen) sollte man aber dennoch sehr vorsichtig umgehen, weil es sich um so viele zu kritisierende Stellen handelt, daß ein Großteil davon auf den Autor selbst zurückfallen muß. Es wurde daher auch die These vertreten, die Schrift sei ein unfertiges Werk, entweder ein immer wieder auf den neuesten Stand gebrachtes Manuskript, oder eine beim Tod des Aristoteles noch nicht korrigierte vorläufige Fassung, die dann von einem Freund oder Schüler veröffentlicht worden sei, und anderes mehr. Gegenüber solchen unbeweisbaren Vermutungen wird im allgemeinen ein Verweis auf die Arbeitsweise des Autors ausreichen. Dieser fand zum einen viele der uns störenden Unzulänglichkeiten, vor allem solche inhaltlicher Art, schon in den Quellen vor, auf die er angewiesen war, und verdichtete zum anderen sein Material oft in der Weise, daß er es zu verkürzt zusammenfaßte oder eigentlich Unverzichtbares aussparte.

Letztlich müssen wir uns damit abfinden, ein Werk von sehr ungleichmäßiger Qualität vor uns zu haben, dessen Vorzüge und Nachteile wir ohne sichere Gegenbeweise nur dem Autor selbst zuschreiben können.

4. Autorschaft

In der Antike galt diese *Athenaíon politeía* unbestritten als das Werk des großen Philosophen Aristoteles. Daß aber auf antike Angaben nicht unbedingt Verlaß ist, sondern daß die Tendenz bestand, anonyme Schriften bekannten Autoren zuzuschreiben, hat die moderne Forschung gezeigt, indem sie viele Werke, die unter dem Namen von Platon, Xenophon – darunter auch eine *Athenaíon politeía*, die uns erhalten ist – Demosthenes und anderen, aber eben auch von Aristoteles überliefert sind, diesen Autoren aberkannt hat. In den meisten Fällen sind die Argumente so zwingend, daß sie allgemein anerkannt werden; die Urheberschaft einiger Schriften jedoch ist umstritten, und dazu gehört die vorliegende, wobei der Streitpunkt nur der ist, ob sie von Aristoteles selbst oder aber aus seiner Schule stammt. In der Beweispflicht sind zunächst diejenigen, die behaupten, das Werk sei nicht von Aristoteles geschrieben, weil es von seinen übrigen Werken allzu verschieden sei und weil Aristoteles nicht alle 158 *politeíai* mit eigener Hand verfaßt haben könne.

Sofern stilistische Unterschiede angeführt werden, wurde dazu bereits bemerkt, daß sie auch durch den spezifischen Gegenstand der Untersuchung sowie den Einfluß der verwendeten Quellen erklärt werden können. Trotzdem bleibt das Fehlen vieler aristotelischer Termini eines der wichtigsten Argumente dieser Forschungsmeinung (z. B. Rhodes). Ähnlich verhält es sich mit dem Beweiswert der Stellen, die mit Aussagen in der *Politik* des Aristoteles nicht übereinstimmen. Erstens sind es sehr wenige und keine gravierenden Feststellungen, und zweitens können sie von einer Meinungsänderung des Autors oder der Heranziehung neuen Materials veranlaßt worden sein. Auch die gegenüber der Demokratie kritische Einstellung des Verfassers (vgl. 23,2; 33,2) war in der aristotelischen Schule ebenso selbstverständlich wie bei Aristoteles selbst und den anderen klassischen Philosophen. Entscheidend ist daher im allgemeinen, wie viel aristotelische Methodik, aristotelisches Gedankengut oder aristotelischen Geist man in der *Athenaíon politeía* wiedererkennt, im übrigen das einzige Kriterium, das sich *für* Aristoteles als Verfasser heranziehen läßt. Und auf diese, auch das subjektive Urteil herausfordernde Frage fallen die Antworten naturgemäß sehr unterschiedlich aus. Sie reichen von der Position, die *Athenaíon politeía* sei den großen Werken des Aristoteles unendlich unterlegen (Hignett u. a.), bis zu derjenigen, die sie von aristotelischen Gedanken völlig durchdrungen sieht und glaubt, Aristoteles habe in dieser Schrift das historische Material seinen theoretischen Kategorien angepaßt (Day/Chambers).

Schließlich ist es nicht nur möglich, Aristoteles oder einen seiner Schüler als Verfasser anzusehen, sondern auch beide Positionen zu verbinden und anzunehmen, das unfertige aristotelische Werk sei von einem Schüler herausgegeben worden, oder Aristoteles habe umgekehrt die Vorlage eines Schülers korrigiert und redigiert. Einer dieser Positionen kann sich nach näherer Prüfung jeder anschließen, der die vorgebrachten Argumente für hinreichend hält, eine Entscheidung zu tragen. Ob man aber die Frage der Autorschaft für entscheidbar hält oder nicht, sollte für den Wert der Schrift als Quelle der athenischen Verfassungsgeschichte eine absolut untergeordnete Rolle spielen.

5. Abfassungszeit und spätere Änderungen

Im ersten Teil der *Athenaíon politeía* ist nichts erwähnt, was später als die Aufstockung der Tagegelder für die Volksversammlung (41,3) datiert werden könnte, und diese Maßnahme gehört in die Zeit vor Aristophanes' Komödie *Ekklesiazusen*, die Ende der 90er Jahre des 4. Jahrhunderts aufgeführt wurde. Im zweiten Teil finden sich mehrere Hinweise darauf, daß die Schrift nicht vor etwa 335/334 v. Chr. entstanden sein kann, so vor allem die Beschreibung der Ephebie (42,2–5), die als obligatorische Militärausbildung ein Jahr zuvor eingeführt worden war. Einen genaueren Terminus post quem ergibt die Nennung des Archonten Kephisophon, in dessen Amtsjahr (329/328) nach Kap. 54,7 das Hephaistosfest eingeführt wurde. Allerdings wird dieser Satz von einigen Forschern (so auch von Rhodes) als späterer Einschub betrachtet (s. S. 19).

Als Terminus ante quem muß spätestens die Abschaffung der demokratischen Verfassung Athens, die zur Abfassungszeit als gültig vorausgesetzt wird, zu Beginn des Jahres 321/320 gelten; ein etwas früheres Datum gewinnt man durch die Erwähnung der nach Samos entsandten Amtsträger (62,2), weil Athen die Insel Ende 322 verloren hat. Immer wieder vertreten wird auch das Datum 325/324; aber das Argument, daß Kap. 46,1 die für dieses Jahr inschriftlich bezeugten Penteren *nicht* erwähnt, kann angesichts vieler anderer Auslassungen kaum überzeugen.

Als insgesamt unumstrittener Abfassungszeitraum gelten also die Jahre 335–322 v. Chr., weniger sicher sind die Einschränkungen auf vor oder nach 329/328 oder auf 328–325.

In die ursprüngliche Fassung des Textes wurden zu einem späteren Zeitpunkt einige Sätze eingeschoben (interpoliert). Nach allgemeiner Ansicht gilt das für die sogenannte Drakontische Verfassung (Kap. 4), die der übrigen antiken Literatur unbekannt ist und auch im Widerspruch zur aristotelischen *Politik* steht, nach der Drakon Gesetze innerhalb der bestehenden Verfassung erlassen hatte (II 1274 B 15–16). Der entscheidende Punkt ist aber, daß sie bei der rückblickenden Aufzählung der Verfassungsänderungen in Kap. 41,2 nicht in die Numerierung von eins bis elf einbezogen, sondern zusätzlich an die zweite Verfassung, die des Theseus, angehängt wurde, anscheinend weil der Interpolator nicht die gesamte Zählung ändern wollte. Gestützt hat er allerdings seine Einfügung durch einen Verweis in Kap. 3,1 und vielleicht auch in Kap. 7,3. Ein weiterer möglicher Einschub im historischen Teil ist die Geschichte von Themistokles und Ephialtes (25,3–4), weniger für sich haben weitere Vermutungen (8,1; 13,1–2; 22,5), selbst die Kap. 10 betreffenden, das zugegebenermaßen den Fluß der Erzählung unterbricht. Aber nicht jede Unebenheit der Komposition erfordert die Annahme einer späteren Änderung, wenn man an die Arbeitsweise des Verfassers denkt, verschiedene Quellen miteinander zu kombinieren.

Auch einige Stellen des zweiten, analytischen Teils der Schrift hat man als spätere Einschübe verdächtigt. Die besten Argumente beziehen sich auf die Schlußbemerkung von Kap. 54,7 mit der einzigen Archontendatierung der zweiten Texthälfte – auf die möglichen Folgen für die Datierung der Schrift wurde bereits hingewiesen –, auf die Nennung von Tetreren in Kap. 46,1 und auf die Zahl der Sitophylakes in Kap. 51,3.

Bei all diesen Einfügungen handelt es sich keineswegs um Fälschungen oder dergleichen, sondern um Zusätze, die zweifellos als Verbesserungen oder Aktualisierungen gedacht waren. Die Einschübe des ersten Teils muß man für absichtliche Korrekturen halten, die, veranlaßt durch eine Meinungsänderung oder die Auffindung neuen Materials, noch vom Verfasser selbst oder jedenfalls aus der aristotelischen Schule stammen; da diese Stellen in anderen antiken Schriften ein Echo hinterlassen haben, müssen sie Bestandteile der offiziellen, von der aristotelischen Schule sanktionierten Versionen der *Athenaíon politeía* gewesen sein. Im Gegensatz dazu könnten die Einschübe des systematischen Teils zunächst Randbemerkungen eines späteren Kommentators gewesen sein, die dann in nachfolgende Abschriften integriert wurden.

6. Quellen

a) Für den ersten Teil der *Athenaíon politeía* war ihr Verfasser, wie jeder Historiker, auf Quellen angewiesen. An primären, d. h. aus der behandelten Zeit stammenden Quellen finden sich Gedichte Solons (Kap. 5 und 12), ein Weihepigramm (7,4), Trinklieder (*skólia*) aus der Tyrannenzeit (19,3 und 20,5) sowie offizielle Dokumente (30–31; 39 u. a.). Die moderne Forschung hat Anhaltspunkte dafür gefunden, daß der Verfasser einen Großteil des Originalmaterials, oder sogar alles, nicht selbst zusammengetragen und ausgewertet, sondern aus bereits vorliegenden Bearbeitungen der athenischen Geschichte übernommen hat, auch wenn ihm der eine oder andere Text, insbesondere die solonischen Verse, bereits bekannt war.

Von den Historikern der klassischen Zeit zitiert die Schrift ausdrücklich nur Herodot (14,4). Kap. 18 und 33 setzen die Kenntnis von Thukydides voraus. Manches deutet auch auf die Benutzung von Theopomps *Hellenika* hin, während gewisse Übereinstimmungen mit Xenophon und Ephoros eher auf gemeinsame Quellen zurückzuführen sind.

Da alle diese Historiker keine vollständige Geschichte Athens und noch weniger eine Geschichte seiner Politeia vorgelegt hatten, nimmt man an, daß ein Großteil der *Athenaíon politeía* auf die Werke der sogenannten Atthidographen zurückgreift, die in ihren Atthiden die Geschichte Athens dargestellt und mit diesen Lokalgeschichten einen neuen Typus historischer Literatur eingeführt hatten. Zur Zeit des Aristoteles lagen die Atthiden von Hellanikos (geschrieben um 403), Kleidemos (um 354), Androtion (um 340) und Phanodemos (um 335) vor, von denen wir heute nur aus wenigen Fragmenten Kenntnis haben. Für die Benutzung des Hellanikos und des Phanodemos gibt es keinen Anhaltspunkt, während wenige Stellen in direktem Widerspruch zu Kleidemos und zu Androtion stehen, mit dem es aber auch Übereinstimmungen gibt. Androtion gilt daher den meisten Gelehrten als Hauptquelle der *Athenaíon politeía*, wobei aber sowohl die politische Einstellung dieses auch als athenischen Politikers bekannten Atthidographen als auch der konkrete Anteil seines Einflusses auf die *Athenaíon politeía* umstritten sind. Unabweisbar scheint hingegen die Annahme, daß die chronologische Einteilung der Schrift nach Archontenjahren und die chronologischen Berechnungen von den Atthidographen übernommen sind.

Daneben erscheint es möglich, daß der Verfasser auch Flugschriften herangezogen hat, von denen wir wissen, daß sie um die Wende des 5. zum 4. Jahrhundert von Parteigängern prominenter Politiker in Umlauf gebracht wurden. Damit sollten Männer wie Theramenes, die an den oligarchischen Umstürzen beteiligt waren, verteidigt werden.

Schließlich sollte man nicht vergessen, daß der Autor der *Athenaíon politeía* aus späteren staatlichen Einrichtungen und aus deren Namen Rückschlüsse auf ihre Entstehung oder Entwicklung zieht, die durchaus von ihm selbst stammen können (z. B. 3,3; 8,1).

Auch beim Umgang mit seinen Quellen hat der Verfasser auf eigene Urteile nicht verzichtet. Wie wir gesehen haben, hatte er eine Reihe von Quellen zur Verfügung und entschied für jeden Abschnitt seiner Darstellung, welcher oder welchen er folgen wollte. Um den Wahrheitsgehalt des Gesagten zu unterstreichen, führt er häufig »Beweise« an (3,5; 13,5 u. a.), die er entweder aus seiner Quelle übernimmt oder selbst hinzufügt. Manche Nachrichten und Meinungen referiert er nur, um ihnen zu widersprechen – die »verbreitete Erzählung« über die Entwaffnung des Volkes, die »nicht wahr ist« (18,4), kennen wir aus Thukydides – oder sie zu tadeln (28,5). Nicht selten erfahren wir explizit, daß dem Verfasser mehrere Quellen zu demselben Gegenstand vorlagen. Vereinzelt teilt er uns mit, daß sie alle (z. B. 5,3) oder großenteils (28,5) übereinstimmen, häufiger berichtet er von unterschiedlichen Meinungen, deren Vertreter er nur einmal beim Namen nennt (Herodot in 14,4). Sofern der Autor sich für eine davon entscheidet, und das tut er etwa in der Hälfte der Fälle, nimmt er als wichtigstes Kriterium die Wahrscheinlichkeit in Anspruch (z. B. 6,2–4; 9,2); daneben beruft er sich auf die Chronologie (17,2; 18,4).

Trotz alledem – und die genannten Leistungen sind vielfach verkannt worden – kann man den ersten Teil der *Athenaíon politeía* mit den bekannten klassischen Geschichtsschreibern nicht auf dieselbe Stufe stellen. Über seine unmittelbaren Vorlagen hinaus hat der Verfasser keine oder fast keine eigene Quellenforschung geleistet. Über weite Strecken folgt er diesen Vorlagen unkritisch und läßt sich dazu hinreißen, detaillierte Schilderungen auch dann zu übernehmen, wenn sie für seinen Zusammenhang unwichtig sind (z. B. 14–15 über den Beginn und 17–19 über das Ende der Tyrannis). Vor allem aber versucht er immer wieder, unterschiedliche Quellen miteinander zu verbinden, und darauf sind die meisten Widersprüche und Ungereimtheiten der Schrift zurückzuführen. So kombiniert der Bericht über die Machtergreifung des Peisistratos (14–15) die Chronologie des Herodot mit der einer Atthis zu einem für uns kaum entwirrbaren Rätsel. Während als Grund für die Ermordung des Hipparchos (18,3) zunächst dessen eigenes Verhalten erscheint (18,1), tritt unvermittelt Thettalos an seine Stelle (18,2). Die Liste der Volksführer (28,2–3) korrespondiert verschiedentlich nicht mit den entsprechenden Abschnitten der Darstellung. Der Abschnitt über die Herrschaft der Vierhundert und der Fünftausend (29–33) beruht zwar auf Dokumenten jener Zeit, klärt aber ihren Charakter nicht und kann dem Leser daher eine verzerrte Darstellung von der Einsetzung der Vierhundert zumuten.

b) Der zweite Teil ist bezüglich der Quellen unproblematischer, enthält aber auch noch weniger konkrete Hinweise als der erste. Er ist offenbar auch eine originellere Leistung, denn nichts deutet darauf hin, daß die aktuelle athenische Verfassung bereits früher beschrieben worden wäre. Als Arbeitsgrundlage kommen zunächst die persönlichen Kenntnisse des Autors in Frage, die er sich durch Beobachtung und mündliche Erkundigung verschaffen konnte; direkteren Kontakt zu den Vorgängen hatte er, wenn er nicht mit Aristoteles identisch, sondern Athener war, der an der Staatsverwaltung selbst teilnahm. Der größte Teil der Informationen scheint indessen aus den athenischen Gesetzen selbst zusammengestellt zu sein. Das legen zum einen eingestreute Formulierungen wie »die Gesetze schreiben vor«, »ein Gesetz bestimmt« u. ä. nahe. Zum anderen waren die athenischen Gesetze nach ihrer Überarbeitung in den Jahren 403 bis 399 in Abteilungen zusammengefaßt, deren Bezeichnungen die Einteilung der *Athenaíon politeía* ungefähr entspricht. Drittens schließlich sind zwei in der *Athenaíon politeía* wiedergegebene Bestimmungen (56,7; 57,3) in ähnlichen Worten in demosthenischen Reden als Gesetze zitiert, so daß sie sich als Zusammenfassungen der Gesetzestexte zu erkennen geben. Analog dazu wird der Großteil der übrigen Darstellung entstanden sein. Die Gesetzessprache hat der Verfasser dabei von Soll-Bestimmungen in Ist-Bestimmungen umformuliert.

7. Wissenschaftliche Bedeutung und historische Zuverlässigkeit

Da es sich um einen der längsten zusammenhängenden Papyrustexte handelt, nimmt die Schrift vom Staat der Athener innerhalb der Papyrologie einen wichtigen Platz ein. Für die übrigen Gebiete der Altertumswissenschaft ist ihre Bedeutung eher noch größer. Die Philologie hat sich des terminologischen und syntaktischen Gehalts des Werkes bemächtigt, mit dem der Bestand der meist literarisch überlieferten antiken Texte unerwartet bereichert wurde. Da es sich bei der *Athenaíon politeía* um ein historisches Werk handelt, hat sie aber vor allen Dingen der Alten Geschichte neues Material geliefert. Aus dem ersten Teil läßt sich bis zu einem gewissen Grad erschließen, welche Quellen diesem Autor des 4. Jahrhunderts zur Verfügung standen, und wie er mit ihnen umging. Einige Stellen vermitteln uns eine aus der Parallelüberlieferung unbekannte, oligarchisch gefärbte Sichtweise der Ereignisse. Für wichtige Ereignisse und Maßnahmen, besonders die in Kap. 21–22 und 25,2–4 geschilderten, ist die *Athenaíon politeía* unsere einzige Quelle. Das gilt in viel größerem Maß auch für den zweiten Teil, der uns erst ein einigermaßen deutliches Bild von den Einrichtungen und der Funktionsweise der athenischen Demokratie ermöglicht hat. Das ist um so bedeutsamer, als wir von den demokratischen Verfassungen aller anderen griechischen Staaten noch weniger wissen als selbst von der athenischen vor Auffindung der *Athenaíon politeía*.

Die unbestrittene Bedeutung des Werkes soll jedoch nicht darüber hinwegtäuschen, daß seine historische Zuverlässigkeit nicht größer sein kann, als seine Quellen und deren Verarbeitung es erlauben. Einschränkungen ergeben sich vor allem für die athenische Frühzeit bis auf Solon, für die in der klassischen Epoche nahezu keine authentischen Nachrichten mehr zur Verfügung standen. Insbesondere die Königsliste sowie das lebenslange und zehnjährige Archontat müssen als spätere Rekonstruktion ohne Fundament gelten. Auch die sogenannte Drakontische Verfassung (Kap. 4) ist historisch unglaubwürdig, und zwar weniger, weil sie als nachträgliche Einfügung erkannt wurde (s. Abschn. 5), als vielmehr, weil sie zahlreiche Anachronismen enthält und offensichtlich der Verfassung von 411 nachgebildet wurde, um dieser ein historisches Vorbild und damit größere Berechtigung zu verschaffen. Die Datierung des solonischen Archontats auf das Jahr 594/593 (Kap. 14,1) könnte eine Konstruktion der *Athenaíon politeía* sein, da alle früheren Autoren als Lebenszeit Solons die Mitte des 6. Jahrhunderts angeben. Aus der Kombination unterschiedlicher Vorlagen können, wie bereits zur Chronologie der Peisistratidenzeit bemerkt wurde, Unstimmigkeiten und Widersprüche der Schrift resultieren. Die unselbständige Arbeitsweise des Verfassers und seine Neigung, partiellen Darstellungen oligarchischer Richtung zu folgen, führt dazu, daß bei Vorliegen abweichender Nachrichten Historikern wie Herodot und Thukydides im allgemeinen der Vorzug gegeben wird. Dabei ist natürlich jeder Einzelfall genau zu prüfen, was angesichts der spärlichen Parallelüberlieferung im zweiten Teil der Schrift häufig auf noch größere Schwierigkeiten stößt. Denn auch hier lassen gerade die Nachrichten der attischen Redner immer wieder Zweifel an der Zuverlässigkeit der aristotelischen Angaben aufkommen. Dabei ist die Zugehörigkeit der Reden zur gerichtlichen Praxis einerseits als Vorteil anzusehen, kann aber andererseits wegen ihrer Parteilichkeit und der meist nachträglichen rhetorischen Überarbeitung auch zum Nachteil ausschlagen. Trotzdem sieht es in einigen Fällen danach aus, daß dem Verfasser der *Athenaíon politeía* bei der Zusammenfassung gesetzlicher Bestimmungen allzu starke Verkürzungen oder gar Irrtümer unterlaufen sind.

Nicht zuletzt hat die Schrift auch zahlreiche Berührungspunkte mit der klassischen Archäologie. Auf der einen Seite war die Nennung von Orten und Gebäuden sowie von darauf bezüglichen Ereignissen hilfreich bei der Identifizierung der entsprechenden Ausgrabungen. Des weiteren trug die genaue Beschreibung der Richterlosung und weiterer gerichtlicher Regelungen in den Schlußkapiteln der *Athenaíon politeía* viel zum Verständnis von Gegenständen wie Richtertäfelchen, Stimmsteinen (vgl. Abb. 4) oder Wasseruhren bei, die von den Ausgräbern der athenischen Agora gefunden wurden. Umgekehrt führte erst die in den 1930er Jahren vorgenommene Kombination von ausgegrabenen Steinblöcken, die mehrere senkrecht angeordnete Reihen waagerechter Schlitze aufweisen (vgl. Abb. 2), mit dem Text zu der Erkenntnis, daß der Terminus *klērotḗrion* in der *Athenaíon politeía* (Kap. 63 ff.) genau diesen Gegenstand bezeichnet und daher statt der bis dahin unterschiedlichen und den Zusammenhang verwirrenden Übersetzungen mit »Losapparat«, »Losmaschine« oder, so die vorliegende Übersetzung, mit »Losautomat« wiederzugeben ist.

8. Zu dieser Übersetzung

Ziel dieser Übersetzung ist es, auch dem Benutzer, der das griechische Original nicht heranzieht, eine in sich verständliche deutsche Fassung des Textes vorzulegen. Das war nur dadurch möglich, daß der im übrigen möglichst textgenauen Wiedergabe einige erläuternde Formulierungen eingefügt wurden, die z. B. notwendige Bezüge herstellen oder verkürzte griechische Wendungen ausformulieren. Daß in solchen, aber auch in anderen Fällen der Übersetzer häufig gezwungen ist, sich für eine der möglichen Interpretationen zu entscheiden, ist unvermeidlich. Nur die bedeutsameren dieser Zusätze sind in Klammern gesetzt, um das Fehlen einer genauen Entsprechung im griechischen Text anzuzeigen. Der möglichst weitgehenden Hinführung des Lesers an die Originalfassung soll auch dienen, daß nach Wörtern, deren Ergänzung bzw. Wiederherstellung unsicher erscheint, ein Fragezeichen eingefügt ist. Außerdem wurden viele Termini nicht durch Kunstworte übersetzt, sondern lediglich transkribiert; wenn sie doch sinnvoll übersetzbar sind, ist der Originalbegriff kursiv in Klammern angefügt. Der Erläuterung aller wichtigen Begriffe dient das Glossar, dem auch die im Deutschen üblichen Betonungen entnommen werden können.

Den Datierungen des Textes nach Archontenjahren sind die entsprechenden Jahresangaben der heutigen Zählung hinzugefügt, sofern die Angaben der *Athenaíon politeía* im Rahmen des Möglichen liegen. Wo das aus inneren oder äußeren Gründen nicht der Fall ist (wie z. B. bei einigen widersprüchlichen Daten der Peisistratos-Chronologie), wurde diese Umrechnung weggelassen, da sonst ein Kommentar erforderlich wäre. Im übrigen ist zu beachten, daß in der *Athenaíon politeía*, wie auch in anderen antiken Texten, oft einschließlich gezählt wird, so daß z. B. in Kap. 22,7 mit dem dritten Jahr nach 485/484 das Jahr 483/482 gemeint ist.

Die vorliegende Übersetzung basiert auf der Textausgabe von M. Chambers, Leipzig 1986; die wenigen Abweichungen sind jeweils vermerkt. Von größtem Nutzen waren mir der umfassende Kommentar von P. J. Rhodes (Oxford 1981), der den früheren von J. E. Sandys aus dem Jahr 1912 allerdings nicht in jeder Hinsicht ersetzt hat, sowie der Kommentar von M. Chambers (Berlin 1990). Für jede genauere Beschäftigung mit dem Text und den in dieser Einleitung angeschnittenen Problemen ist die Heranziehung dieser Werke unerläßlich. Auch die engere Forschungsliteratur, auf deren Ergebnissen meine Übersetzung der einen oder anderen Stelle beruht und die hier nicht aufgezählt werden kann, ist über die dort zusammengestellten Bibliographien erschließbar. Von früheren Übersetzungen, die ich mit Gewinn verglichen habe, möchte ich besonders diejenigen von G. Kaibel / A. Kiessling (1891), P. Dams (1970), P. J. Rhodes (1984) und M. Chambers (1990, zusammen mit dem Kommentar) hervorheben.

Zu danken habe ich F. F. Schwarz für seine Hilfe beim Zustandekommen des Vorhabens, U. Großmaas, I. Musäus und W. Schuller für die kritische Durchsicht des Manuskripts und wertvolle Hinweise, sowie M. Kempe für das Mitlesen der Korrekturen.

In der revidierten Ausgabe sind einige Formulierungen präzisiert sowie Irrtümer und Versehen korrigiert worden. Bei allen Lesern, die mit entsprechenden Hinweisen zur Verbesserung der Ausgabe beigetragen haben, bedanke ich mich, stellvertretend seien Mortimer Chambers, Beat Näf und Gerhard Thür genannt. Zu besonderem Dank bin ich Rudolf Kassel für seine minutiöse Durchsicht verpflichtet, die zu zahlreichen Verbesserungen des Textes geführt hat.

Literaturhinweise

(in knapper Auswahl; ausführliche Bibliographien in den
Kommentaren von P. J. Rhodes und M. Chambers)

Gesamtausgaben

F. G. Kenyon: ΑΘΗΝΑΙΩΝ ΠΟΛΙΤΕΙΑ. Aristotle on the Constitution of Athens. London 1891. ²1891. ³1892 [mit Kommentar].
Berlin ⁴1903. (Suppl. Arist. III,2.) 5. Aufl. u. d. T.: Aristotelis
Atheniensium Respublica. Oxford 1920.

G. Kaibel / U. v. Wilamowitz-Moellendorff: Aristotelis Πολιτεία
Ἀθηναίων. Berlin 1891. ²1891. ³1898.

H. van Herwerden / J. van Leeuwen [post Kenyonem edd.]: De Republica Atheniensium. Aristotelis qui fertur liber ΑΘΗΝΑΙΩΝ
ΠΟΛΙΤΕΙΑ. Leyden 1891.

F. Blass: Aristotelis Πολιτεία Ἀθηναίων. Leipzig 1892. ²1895.
³1898. ⁴1903. Nachdr. 1908.

J. E. Sandys: Aristotle's Constitution of Athens. London 1893.
²1912 [mit Kommentar].

T. Thalheim [post F. Blass ed.]: Aristotelis Πολιτεία Ἀθηναίων.
Leipzig 1909. ²1914.

K. Hude: Aristoteles. Der Staat der Athener. Leipzig 1916. ²1931.

G. Mathieu / B. Haussoullier: Aristote. Constitution d'Athènes. Paris 1922 [u. ö.]. [Mit frz. Übers.]

H. Oppermann: Aristoteles. ΑΘΗΝΑΙΩΝ ΠΟΛΙΤΕΙΑ. Leipzig
1928. Nachdr. Stuttgart 1961. 1968. [Jeweils mit Nachträgen.]

M. H. Chambers: Aristoteles. ΑΘΗΝΑΙΩΝ ΠΟΛΙΤΕΙΑ. Leipzig
1986. Ed. corr. Stuttgart/Leipzig ²1994.

Kommentare

J. E. Sandys: Aristotle's Constitution of Athens. London ²1912.

P. J. Rhodes: A Commentary on the Aristotelian Athenaion Politeia.
Oxford ²1993.

M. H. Chambers: Aristoteles. Staat der Athener. Übers. und erl. von
M. H. Ch. Berlin 1990.

Übersetzungen

G. Kaibel / A. Kiessling: Aristoteles' Schrift vom Staatswesen der Athener. Straßburg 1891. ²1891.

G. Mathieu / B. Haussoullier s. Gesamtausgabe.

P. Dams, Aristoteles: Der Staat der Athener. Stuttgart 1970.

P. J. Rhodes: Aristotle. The Athenian Constitution. Harmondsworth 1984.

M. H. Chambers: s. Kommentare.

Literatur

Aristote et Athènes. Fribourg (Suisse) 23–25 mai 1991. Études rassemblées par Marcel Piérart. Fribourg/Paris 1993.

Bleicken, J.: Die athenische Demokratie. Paderborn [u. a.] 1985. ⁴1995.

Busolt, G. / Swoboda, H.: Griechische Staatskunde. 2 Bde. München 1920–26. (Handbuch der Altertumswissenschaft IV 1,1.)

Camp, J. M.: Die Agora von Athen. Ausgrabungen im Herzen des klassischen Athen. Übers. von U. Winter. Mainz 1989.

Chambers, M.: The *Athenaion politeia* after a Century. In: Transitions to Empire. Essays in Greco-Roman History, 360–146 B. C., in honor of E. Badian. Hrsg. von R. W. Wallace und E. M. Harris. Norman 1996. S. 211–225.

Day, J. H. / Chambers, M. H.: Aristotle's History of Athenian Democracy. Berkeley / Los Angeles 1962.

Gagarin, M. / Cohen, D. (Hrsg.): The Cambridge Companion to Ancient Greek Law. Cambridge 2005.

Hansen, M. H.: Die Athenische Demokratie im Zeitalter des Demosthenes. Struktur, Prinzipien und Selbstverständnis. Dt. von W. Schuller. Berlin 1995. (Orig.-Ausg. Oxford 1991.)

Harding, P. (Hrsg.): The Story of Athens: the Fragments of the Local Chronicles of Attika. London 2008. [Übers., Einl. und Komm.]

Harrison, A. R. W.: The Law of Athens. 2 Bde. Oxford 1968–71.

Hignett, C.: A History of the Athenian Constitution to the End of the Fifth Century B. C. Oxford 1952.

Jacoby, F.: Atthis. The Local Chronicles of Ancient Athens. Oxford 1949.

Keaney, J. J.: The Composition of Aristotle's *Athenaion Politeia*. Observation and Explanation. New York / Oxford 1992.

Lang, M. L.: The Athenian Agora. Bd. 25: Ostraka. Princeton 1990.

Lipsius, J. H.: Das Attische Recht und Rechtsverfahren. 3 Bde. Leipzig 1905–15.

MacDowell, D. M.: The Law in Classical Athens. London 1978.

Maddoli, G. (Hrsg.): L'Athenaion politeia di Aristotele 1891–1991. Per un bilancio di cento anni di studio. Perugia 1994.

Piérart, M. (Hrsg.): Aristote et Athènes. Aristoteles and Athens. Paris 1993.

Rhodes, P. J.: The Athenian Boule. Oxford 1972.

Travlos, J.: Bildlexikon zur Topographie des antiken Attika. Tübingen 1988.

Wilamowitz-Moellendorff, U. v.: Aristoteles und Athen. Berlin 1893.

Der Staat der Athener

Die vorsolonische Zeit (bis Kap. 4)

...[1] 1. Myron (war der Ankläger); die aufgrund vornehmer Herkunft (zu Gericht Sitzenden) leisteten ihren Eid auf die Opfer. Nachdem auf Frevel erkannt war, wurden (die Schuldigen) selbst aus ihren Gräbern geworfen, ihr Geschlecht aber ging in immerwährende Verbannung. Ferner entsühnte der Kreter Epimenides die Polis.

2. In der Folgezeit kam es dazu, daß sich die Vornehmen und die Menge über lange Zeit hinweg bekämpften. (2) Denn ihre Staatsordnung war auch in jeder anderen Hinsicht oligarchisch, und insbesondere lebten die Armen in sklavischer Abhängigkeit von den Reichen – sie selbst, ihre Kinder und Frauen. Sie hießen Abhängige (*pelátai*) und Sechstler (*hektémoroi*); denn für diese Pacht bestellten sie die Felder der Reichen. Das gesamte Land war in den Händen weniger; und wenn sie ihre Pacht nicht abführten, konnte auf sie selbst und ihre Kinder zugegriffen werden. Die Darlehen wurden bis zu Solons Zeit an alle unter der Bedingung vergeben, daß sie mit ihrem Körper dafür hafteten; dieser (Solon) wurde der erste Führer des Volkes. (3) Am schwersten und bittersten also war für die Menge in dieser Staatsordnung die sklavische Abhängigkeit. Freilich waren sie auch mit den übrigen Umständen unzufrieden; denn sie hatten, sozusagen, an nichts Anteil.

3. Die alte Staatsordnung vor Drakon war folgendermaßen aufgebaut. Die Ämter besetzte man nach vornehmer Herkunft und Reichtum. Ihre Inhaber amtierten zuerst auf Lebenszeit, dann auf zehn Jahre. (2) Die wichtigsten und ersten Ämter waren Basileus, Polemarchos und Archon. Von diesen war das erste Amt das des Basileus, denn dieses war altüberkommen; als zweites wurde das Amt des Polem-

---

1 Der Anfang der Schrift ist verloren, vgl. die Einleitung.

archos eingerichtet, weil einige der Basileis in Kriegsangelegenheiten weichlich wurden; deshalb ließ man auch in einer
Notlage den Ion kommen. (3) Zuletzt das Amt des Archonten: Die meisten meinen nämlich, es sei unter Medon
entstanden, einige behaupten aber, unter Akastos. Als Beweis führen sie an, daß die neun Archonten schwören, wie
unter Akastos ihren eidlichen Verpflichtungen nachzukom-
men, da unter seiner Regierung die Kodriden ihre Königs-
herrschaft aufgegeben hätten zugunsten der Rechte, die
man dem Archonten übertrug. Welche Meinung auch immer zutrifft, es dürfte nur einen geringen Zeitunterschied
ausmachen; daß das Amt des Archonten aber als letztes dieser Ämter entstand, ist auch daraus ersichtlich, daß der Archon keine althergebrachten Aufgaben wahrnimmt wie der
Basileus und der Polemarchos, sondern einfach die dazuge-
kommenen; deshalb wurde es, erweitert um die dazuge-
kommenen Aufgaben, auch erst in jüngster Zeit das bedeu-
tendste Amt. (4) Thesmotheten wurden erst viele Jahre später gewählt, als man die Amtsträger schon jedes Jahr neu
wählte, damit sie die Gesetze aufzeichneten und für die ge-
richtliche Entscheidung von Rechtsstreitigkeiten aufbe-
wahrten; deshalb wurde es auch als einziges Amt nie länger
als für ein Jahr besetzt. (5) Die Ämter sind also in der be-
schriebenen Reihenfolge entstanden. Die neun Archonten
saßen nicht alle im gleichen Amtslokal; vielmehr hatte der
Basileus das heute so genannte Bukoleion nahe dem Prytaneion inne; ein Beweis dafür ist: auch jetzt noch finden dort
das Zusammentreffen und die Hochzeit zwischen der Frau
des Basileus und Dionysos statt; der Archon amtierte im
Prytaneion, der Polemarchos im Epilykeion, das vorher
Polemarcheion geheißen hatte, aber Epilykeion genannt
wurde, nachdem es Epilykos in seiner Amtszeit als Polemarchos wiederaufgebaut und ausgestattet hatte; die Thesmotheten hatten das Thesmotheteion inne. Zur Zeit Solons kamen sie alle im Thesmotheteion zusammen. Sie waren auch
berechtigt, selbständig richterliche Urteile zu fällen und
nicht nur, wie heute, die Voruntersuchung zu führen. Auf

34

diese Weise also waren die Ämter eingerichtet. (6) Der Rat der Areopagiten hingegen hatte die Aufgabe, die Gesetze zu überwachen, war für die meisten und wichtigsten Angelegenheiten der Polis zuständig und befugt, alle Vergehen gegen die öffentliche Ordnung mit Strafen und Bußen zu ahnden. Die Wahl der Archonten erfolgte nämlich nach vornehmer Herkunft und Reichtum; aus ihnen setzte sich der Areopag zusammen; deshalb ist das Amt der Areopagiten das einzige geblieben, das auch jetzt noch auf Lebenszeit ausgeübt wird.

4. Die erste Verfassung hatte also diese Form. Danach, viel Zeit war nicht vergangen, erließ Drakon unter dem Archonten Aristaichmos (621/620 v. Chr.?) seine Gesetze. (2) Seine Staatsordnung sah folgendermaßen aus. Die politischen Rechte waren denen zugewiesen, die sich als Schwerbewaffnete (*hoplítai*) ausrüsten konnten. Sie wählten die neun Archonten und die Schatzmeister (*tamíai*) aus denen, die ein schuldenfreies Vermögen von nicht weniger als zehn Minen besaßen, die übrigen, niedrigeren Amtsträger aus solchen, die sich als Hopliten ausrüsten konnten, und die Strategen und Hipparchen aus denen, die ein schuldenfreies Vermögen von nicht weniger als hundert Minen sowie eheliche, über zehn Jahre alte Kinder von einer rechtmäßigen Ehefrau aufweisen konnten. Diese mußten von den Prytanen, den Strategen und den Hipparchen des Vorjahres eine bis zu deren Rechenschaftslegung geltende Bürgschaft nehmen und dafür vier Bürgen aus derselben Steuerklasse akzeptieren, der die Strategen und Hipparchen angehörten. (3) Den Rat bildeten vierhunderteins Männer, ausgelost aus denen, die politische Rechte besaßen. Sowohl dieses wie auch die übrigen Ämter sollten sie unter den über Dreißigjährigen auslosen, und keiner durfte zweimal dasselbe Amt bekleiden, bevor es nicht alle anderen durchlaufen hatten; dann sollte man wieder von vorn zu losen beginnen. Wenn aber eines der Ratsmitglieder einer Sitzung des Rates oder einer Volksversammlung fernblieb, hatte der Pentakosiomedimnos drei Drachmen, der Hippeus zwei und der Zeugit

eine Drachme zu bezahlen. (4) Der Rat auf dem Areopag war Wächter über die Gesetze und sah darauf, daß die Amtsträger ihr Amt gemäß den Gesetzen ausübten. Hatte jemand Unrecht erlitten, stand es ihm frei, beim Rat der Areopagiten Anzeige zu erstatten, sofern er dabei angab, unter Verletzung welchen Gesetzes ihm Unrecht zugefügt worden sei. Für die Darlehen mußte, wie gesagt, mit dem eigenen Körper gehaftet werden, und das Land war in den Händen weniger.

Solon (Kap. 5–12)

5. Solchermaßen sah die Ordnung des Staates aus; insbesondere weil die Vielen von den Wenigen sklavisch abhängig waren, erhob sich das Volk gegen die Vornehmen. (2) Da der Bürgerkrieg heftig war, wählten sie, nachdem die Parteien sich lange Zeit bekämpft hatten, gemeinsam Solon zum Schiedsrichter und Archonten und übertrugen ihm die Staatsgewalt. Solon hatte schon eine Elegie verfaßt, deren Anfang lautet:

Ich erkenne, und Schmerz liegt in meinem Herzen,
    wenn ich das älteste Land Joniens darniederliegen sehe.

In diesem Gedicht kämpft und plädiert er gegen beide für beide Seiten und fordert sie anschließend auf, den bestehenden Kampfeswillen aufzugeben. (3) Solon zählte nach Geburt und Ansehen zu den ersten, nach Besitz und Tätigkeit aber zu den mittleren Bürgern; darin stimmen alle übrigen Zeugnisse überein, und er selbst bezeugt es in folgenden Versen, in denen er die Reichen auffordert, nicht zuviel zu beanspruchen.

Ihr aber, beruhigt das wilde Herz in eurer Brust,
    die ihr viele Güter im Überfluß erlangt habt,
mäßigt euren stolzen Sinn; denn weder werden wir
    uns fügen, noch wird es euch zuträglich sein.

Insgesamt gibt er die Schuld am Bürgerkrieg immer den Reichen; deshalb sagt er am Anfang der Elegie, er fürchte »die Geldgier und die Überheblichkeit«, weil dadurch der Haß entstanden sei.

6. Nachdem Solon Herr über die Staatsangelegenheiten geworden war, befreite er das Volk für die Gegenwart und die Zukunft, indem er die Darlehen, für die mit dem eigenen Körper gehaftet wurde, verbot; er gab Gesetze und verfügte einen Erlaß der Schulden, sowohl der privaten als auch der öffentlichen; das wird Lastenabschüttelung (*seisáchtheia*) genannt, da man tatsächlich eine drückende Last abschüttelte. (2) Diesbezüglich versuchen einige, ihn zu verleumden. Es war nämlich so, daß Solon über sein Vorhaben, die Lastenabschüttelung durchzuführen, mit einigen der Vornehmen vorher gesprochen hatte, und dann, wie die Volksfreunde meinen, von seinen Freunden hintergangen wurde, wie aber die böswilligen Verleumder meinen, auch selbst beteiligt war. Denn diese Freunde nahmen Darlehen auf und kauften damit viel Land auf, und als nicht viel später der Schuldenerlaß stattfand, wurden sie reich; daher rühre es, sagt man, daß sie später als die Altbegüterten erschienen seien. (3) Allerdings ist der Bericht der Volksfreunde glaubwürdiger; es ist nämlich unwahrscheinlich, daß jemand, der in jeder anderen Hinsicht so maßvoll und unparteiisch war, daß er trotz der Möglichkeit, sich die anderen untertan zu machen und Tyrann der Polis zu sein, sich lieber dem Haß beider Seiten aussetzte und seine Ehre sowie das Wohlergehen der Polis über den eigenen Vorteil stellte, daß also ein solcher Mann sich bei so unbedeutenden und durchschaubaren(?) Angelegenheiten (?) selbst befleckt hat. (4) Daß sich ihm diese Möglichkeit zur Ergreifung der Tyrannis bot, ergibt sich schon aus dem krankhaften Zustand des Staates, auch er selbst erinnert in seinen Gedichten häufig daran, und alle anderen stimmen darin überein. Die angeführte Beschuldigung muß man also für erlogen halten.

7. Eine Verfassung richtete er ein und erließ andere Gesetze; die Gesetze Drakons verwendete man nicht mehr, außer

37

den Mordgesetzen. Man schrieb die Gesetze auf die Kyrbeis, stellte sie in der Stoa Basileios auf, und alle schworen, sie einzuhalten. Die neun Archonten nahmen in ihren Schwur vor dem Stein das Gelöbnis auf, ein goldenes Standbild zu weihen, wenn sie eines der Gesetze überträten; daher schwören sie auch jetzt noch in gleicher Weise. (2) Er bestimmte, daß seine Gesetze hundert Jahre lang unverändert gelten sollten und ordnete das Staatswesen folgendermaßen: (3) Auf der Grundlage einer Vermögensschätzung teilte er die Bürger in vier Klassen ein, wie sie auch vorher schon eingeteilt waren, nämlich in Pentakosiomedimnoi, Hippeis, Zeugiten und Theten. Die Verwaltung der hohen Ämter, also die neun Archonten, die Schatzmeister (*tamíai*), die Poleten, die Elf (*héndeka*) und die Kolakretai, wies er den Klassen der Pentakosiomedimnoi, der Hippeis und der Zeugiten zu, wobei er die Ämter auf die einzelnen Klassen entsprechend der abgestuften Vermögenseinteilung verteilte. Den Angehörigen der Thetenklasse aber gab er nur Anteil an der Volksversammlung (*ekklēsía*) und den Gerichten (*dikastéria*). (4) Zu den Pentakosiomedimnoi mußte gerechnet werden, wer aus seinem Eigentum zusammen fünfhundert Maß an trockenen und flüssigen Ernteprodukten erwirtschaftete; zu den Hippeis, wer dreihundert Maß einbrachte, beziehungsweise, wie einige behaupten, wer ein Pferd halten konnte. Als Beweis dafür führen sie den Namen der Klasse an, der aus der Sache abgeleitet sei, sowie die Weihegeschenke der Alten. Denn auf der Akropolis ist ein Bild des Diphilos aufgestellt, das folgende Aufschrift trägt:

Anthemion, Sohn des Diphilos, weihte dieses Bild den Göttern, weil er die Klasse der Theten mit der der Hippeis vertauschen konnte.

Und daneben ist ein Pferd abgebildet, welches nach der angeführten Meinung zeigt, daß für die Klasse der Hippeis das genannte Kriterium gegolten habe. Aber dennoch ist es glaubwürdiger, daß auch diese Klasse durch die Erntemaße bestimmt war, wie die Pentakosiomedimnoi. Zur Klasse der Zeugiten gehörte, wer insgesamt zweihundert Maß erwirtschaftete. Die übrigen zählten zur Thetenklasse und durften kein Amt übernehmen; deshalb wird auch heute noch keiner, der als Kandidat bei der Auslosung eines Amtes gefragt wird, welcher Klasse er angehöre, die Klasse der Theten angeben.

8. Die Amtsträger ließ er aus vorher Gewählten auslosen, die jede Phyle vorher wählen sollte. Für die neun Archonten wählte jede Phyle zehn Kandidaten vor, und unter diesen loste man; deshalb haben es die Phylen bis heute beibehalten, daß jede von ihnen zehn Kandidaten erlost, um dann aus ihnen durch das Bohnenlos die Amtsträger zu bestimmen. Ein Beweis dafür, daß er nach den Vermögensklassen auslosen ließ, ist das Gesetz über die Schatzmeister (*tamíai*), das man auch jetzt noch anwendet; denn es bestimmt, die Tamiai aus den Pentakosiomedimnoi auszulosen. (2) Auf diese Weise also erließ Solon Gesetze über die neun Archonten. In der alten Zeit hingegen benannte der Rat auf dem Areopag Kandidaten, beurteilte sie in eigener Verantwortung und setzte unter Vorgabe von Richtlinien für die Amtsführung in jedes Amt den dafür geeignet erscheinenden Bewerber auf ein Jahr ein. (3) Wie früher gab es vier Phylen und vier Phylobasileis. Aus jeder Phyle waren drei Trittyen gebildet worden, und ebenso zwölf Naukrarien in jeder Phyle. Zur Verwaltung der Naukrarien gab es das Amt der Naukraroi, die für die jeweils fälligen Einnahmen und Ausgaben zuständig waren; deshalb steht auch in den Gesetzen Solons, die jetzt nicht mehr in Gebrauch sind, häufig geschrieben: »die Naukraroi sollen eintreiben«, und: »bezahlen soll man mit dem Geld der Naukraroi«. (4) Als Rat (*bulê*) setzte er vierhundert Männer ein, hundert aus jeder Phyle. Den Rat der Areopagiten beauftragte er mit der Überwachung der Gesetze, wie dieser auch früher schon die Aufsicht über das Staatswesen ausgeübt und auch sonst die meisten und wichtigsten Staatsangelegenheiten kontrolliert hatte; auch zog dieser Rat die Gesetzesbrecher

zur Rechenschaft und hatte die Befugnis, Bußen und Strafen zu verhängen; die Zahlungen ließ er auf die Akropolis bringen, ohne den Grund aufzuschreiben, aus dem jemand verurteilt wurde. Der Areopag saß auch über diejenigen zu Gericht, die sich zum Umsturz der Demokratie zusammentaten, denn Solon hatte ein Gesetz erlassen, das die Anklage (*eisangelía*) gegen solche Leute regelte. (5) Weil er sah, daß die Polis häufig durch Bürgerkrieg erschüttert wurde, während einige Bürger aus Leichtfertigkeit die Dinge lieber sich selbst überließen, erließ er gegen sie ein eigenes Gesetz: Wer nicht, wenn im Staat Bürgerkrieg herrschte, zugunsten einer Partei zu den Waffen greife, solle rechtlos (*átimos*) sein und keinen Anteil mehr an der Polis haben.

9. Mit den Ämtern verhielt es sich also in dieser Weise. Nach allgemeiner Ansicht gelten folgende drei Maßnahmen der Staatsordnung Solons als die volksfreundlichsten. Die erste und wichtigste war die Abschaffung der Darlehen, für die mit dem eigenen Körper gehaftet werden mußte; dann das Recht, daß jeder, der wollte, für diejenigen, die Unrecht erlitten hatten, Vergeltung fordern konnte; und drittens – wodurch, wie man sagt, die Menge am meisten gestärkt worden ist – die Überweisung von Rechtsverfahren an das Gericht (*dikastérion*). Denn wenn das Volk (im Gericht) Herr über den Stimmstein (*pséphos*) ist, wird es auch Herr über den Staat. (2) Weil außerdem seine Gesetze nicht einfach und klar abgefaßt waren, sondern so wie das über die Erbschaften und Erbtöchter, kam es mit Notwendigkeit dazu, daß viele Streitfälle entstanden und daß über alle Angelegenheiten, sowohl die öffentlichen als auch die privaten, das Gericht entschied. Einige glauben nun, er habe seine Gesetze absichtlich unklar gehalten, damit das Volk die Entscheidungsgewalt habe. Das ist freilich unwahrscheinlich, vielmehr liegt es daran, daß es ihm im allgemeinen nicht gelang, die beste Formulierung zu finden; es ist nämlich nicht gerecht, seine Absicht von den heutigen Verhältnissen her zu betrachten; vielmehr muß man den Zusammenhang zu den übrigen Zügen seiner Verfassung sehen.

10. In seinen Gesetzen hat er also, darüber ist man sich einig, diese volksfreundlichen Bestimmungen getroffen; vor seiner Gesetzgebung aber hatte er den Schuldenerlaß und danach die Vergrößerung der Maße und Gewichte sowie der Münzeinheit vorgenommen. (2) Denn unter ihm wurden die Maße größer als die pheidonischen, und die Mine, die vorher siebzig Drachmen gewogen hatte, wurde auf hundert aufgefüllt. Die alte Prägung war die Doppeldrachme. Er setzte auch Gewichte im Hinblick auf das Geld fest und wies dem Talent dreiundsechzig Minen zu, wobei die drei (hinzugefügten Minen) auf den Stater und die übrigen Gewichte verteilt wurden.

11. Nachdem er den Staat in der besagten Weise geordnet hatte, trat man an ihn heran und beschwerte sich über seine Gesetze. Als man die einen Bestimmungen ablehnte, nach anderen genau fragte, wollte er weder diese Dinge ändern noch durch seine Anwesenheit Haß auf sich ziehen, und unternahm daher eine Handels- und Bildungsreise nach Ägypten, nachdem er erklärt hatte, er werde innerhalb von zehn Jahren nicht zurückkehren; denn er glaube, es sei nicht gerecht, daß er bleibe und die Gesetze auslege; vielmehr solle jeder die schriftlich niedergelegten Bestimmungen befolgen. (2) Zugleich ergab es sich auch, daß wegen seines Schuldenerlasses viele der Vornehmen eine feindliche Haltung gegen ihn eingenommen hatten und daß beide Parteien ihren Sinn geändert hatten, weil seine Regelung ihre Erwartungen nicht erfüllte. Denn das Volk hatte geglaubt, er werde alles neu verteilen, die Vornehmen hingegen, er werde die frühere Ordnung wiederherstellen oder doch nur wenig ändern. Solon aber widerstand beiden Parteien und anstatt sich auf eine davon, auf welche er wollte, zu stützen und als Tyrann zu herrschen, nahm er es lieber in Kauf, bei beiden verhaßt zu werden, indem er das Vaterland rettete und als Gesetzgeber sein Bestes tat.

12. Daß das so war, darüber sind sich alle einig, und er selbst erinnert in seiner Dichtung in folgenden Versen daran:

Dem Volke gab ich so viele Rechte, wie für es genügen;
von seiner Ehre nahm ich ihm nichts, noch streckte ich
selbst die Hand danach aus;
die die Macht hatten und wegen ihres Reichtums bewundert wurden,
auch ihnen sagte ich, sie würden nichts Ungebührliches haben.
Fest stand ich und hielt gegen beide meinen starken Schild;
daß eine Partei ungerecht siegte, ließ ich nicht zu.

(2) An einer anderen Stelle erklärt er, wie die Menge zu behandeln sei:

Das Volk dürfte seinen Führern dann am besten folgen,
wenn es weder zuviel Freiheit erhält noch unterdrückt
wird;
denn Überfluß erzeugt Hochmut, wann immer großer
Reichtum
solchen Menschen zufließt, die nicht die richtige Einstellung dazu haben.

(3) Und wieder irgendwo anders sagt er über die, die das
Land verteilen wollen:

Die aber kamen um zu rauben, hatten reiche Hoffnungen;
jeder von ihnen glaubte, er werde zu großem Reichtum
gelangen,
und er würde trotz meiner sanften Worte einen rauhen
Willen zeigen.
Leichtfertig lachten sie damals, jetzt aber zürnen sie mir
und schauen mich alle mißtrauisch an, als ob ich ihr
Feind wäre.
Das ist nicht recht; denn was ich sagte, führte ich mit
Hilfe der Götter aus.
Nichts tat ich vergeblich; etwas durch tyrannische
Gewalt zu erreichen, sagt mir nicht zu, und ebenso wenig,
daß die Schlechten
den gleichen Anteil an der fruchtbaren Erde des Vaterlandes haben wie die Edlen.

(4) Dann wieder über den Schuldenerlaß und über die, die
früher versklavt waren, aber durch die Lastenabschüttelung
befreit wurden:

Welches von den Vorhaben, wegen deren ich das Volk
    versammelte,
habe ich aufgegeben, bevor es erreicht war?
Zeugin dafür möge mir vor dem Richterstuhl der Zeit
am besten die größte Mutter der olympischen Götter sein,
die schwarze Erde, aus der ich einst
die überall eingesetzten Schuldsteine herausriß;
ehedem war sie versklavt, nun aber ist sie frei.
Viele führte ich nach Athen zurück, in das von Gott ge-
    schaffene Vaterland:
Der eine war unrechtmäßig, der andere rechtmäßig ver-
    kauft worden,
andere waren aus nackter Not geflohen;
der attischen Sprache waren sie nicht mehr mächtig,
da sie vielerorts umherirrten.
Die aber hier im Lande in schmachvoller Knechtschaft
    lebten
und vor den Launen ihrer Herren zitterten,
sie machte ich zu Freien. Das erreichte ich durch meine
    Macht,
indem ich Zwang und Recht verband,
und führte es zu Ende, wie ich es versprochen hatte.
Gesetze schrieb ich, gleichermaßen für Hoch und Niedrig,
für jeden schuf ich gerades Recht.
Ein anderer, der wie ich die Knute ergriffen hätte, .
ein schlechter Ratgeber und habgieriger Mann,
hätte das Volk nicht niederhalten können; wenn ich mir
    nämlich zu eigen gemacht hätte,
was den Gegnern des Volkes damals gefiel,
oder wiederum, was die anderen gegen diese vorhatten,
dann wäre diese Polis vieler Männer beraubt worden.
Deshalb wandte ich mich nach allen Seiten zum Kampf
und drehte mich hin und her wie ein Wolf unter vielen
    Hunden.

(5) Und wieder an anderer Stelle tadelt er die später von beiden Parteien erhobenen Klagen:

Wenn ich das Volk offen tadeln soll:
Was sie heute haben, hätten sie mit eigenen Augen nicht
    einmal im Traum gesehen.
Aber auch die, die höher stehen und mächtiger sind,
sollten mich loben und zu ihrem Freund machen.

Denn wenn ein anderer, sagt er, diese ehrenvolle Stellung erlangt hätte,

hätte er das Volk nicht niedergehalten und nicht aufgege-
    ben,
bevor er nicht die Milch aufgerührt und dadurch den
    Rahm weggebracht hätte.
Ich aber stand zwischen ihnen
wie ein Grenzstein auf umstrittenem Gebiet.

Bürgerkrieg und Tyrannis (Kap. 13–19)

13. Seine Reise unternahm er also aus diesen Gründen. Während Solons Abwesenheit lebten sie, obwohl die Polis noch in Unordnung war, vier Jahre lang in Frieden; aber im fünften Jahr (590/589 v. Chr.), nachdem Solon das Amt innegehabt hatte, setzten sie wegen des Bürgerkriegs keinen Archonten ein, und wiederum im fünften Jahr darauf (586/585) machten sie aus dem gleichen Grund niemanden zum Archonten. (2) Danach, wieder im gleichen Zeitabstand (582/581), wurde Damasias zum Archonten gewählt; er blieb zwei Jahre und zwei Monate im Amt, bis er gewaltsam daraus entfernt wurde (580/579). Dann beschlossen sie, aufgrund des Bürgerkriegs zehn Archonten zu wählen, fünf aus dem Stand der Adligen (*eupatrídai*), drei aus dem der Bauern (*ágroikoi*) und zwei aus dem der Handwerker (*dēmiurgoí*), und diese amtierten in dem Jahr nach Damasias. Dadurch ist klar, daß der Archon die größte Macht hatte; denn offensichtlich kämpften sie ständig um dieses Amt.

(3) Insgesamt litten sie weiterhin unter ihrer gegenseitigen Feindschaft; die einen hatten den Schuldenerlaß als Grund und Vorwand, denn dadurch waren sie in Armut geraten; andere waren wegen des grundlegenden Umbruchs unzufrieden mit der Staatsordnung, einige aber wegen der Kämpfe, die man gegeneinander führte. (4) Es gab drei Parteiungen: als erste die Küstenbewohner (*parálioi*), die Megakles, der Sohn des Alkmeon, anführte, und die am ehesten als Verfechter einer mittleren Verfassung galten; als zweite die Bewohner der Ebene (*pediakoí*), die die Oligarchie anstrebten, ihr Führer war Lykurg; als dritte die Bewohner des Hügellandes (*diákrioi*), die Peisistratos folgten, der für den volksfreundlichsten gehalten wurde. (5) Diesen hatten sich aufgrund ihrer schlechten wirtschaftlichen Lage diejenigen angeschlossen, deren Schuldforderungen gestrichen worden waren, und aus Furcht diejenigen, die nicht von reiner Herkunft waren; Beweis dafür ist, daß man nach dem Sturz der Tyrannen eine Überprüfung der Bürgerschaft vornahm, weil viele das Bürgerrecht innehatten, ohne daß es ihnen zustand. Alle Parteiungen hatten ihren Namen von den Gebieten, in denen sie ihr Land bebauten.

14. Peisistratos, der als der volksfreundlichste Führer galt und im Krieg gegen die Megarer großen Ruhm erlangt hatte, verwundete sich selbst und überredete das Volk, ihm eine Leibwache zu geben, weil er die Verletzung von seinen Gegnern erlitten habe; Aristion brachte den Antrag ein. Nachdem Peisistratos die sogenannten Keulenträger aufgestellt hatte, erhob er sich auf diese gestützt gegen das Volk und besetzte die Akropolis im zweiunddreißigsten Jahr nach dem Erlaß der Gesetze, unter dem Archonten Komeas (561/560). (2) Man sagt, daß Solon, als Peisistratos die Leibwache forderte, dagegen gesprochen und gesagt habe, er selbst sei weiser als die einen und mutiger als die anderen: Weiser sei er nämlich als die, die nicht wüßten, daß Peisistratos nach der Tyrannis strebe, und mutiger als die, die es bemerkten, aber schwiegen. Als er aber die Athener mit seinen Worten nicht überzeugen konnte, trug er seine Waffen vor die Tür und er-

klärte, er habe seinem Vaterland geholfen, soweit es seine Kraft zugelassen habe – er war nämlich bereits sehr alt – und fordere auch die anderen auf, dasselbe zu tun. (3) Nun erreichte Solon damals mit seinen Aufforderungen nichts. Peisistratos hingegen nahm die Herrschaft an sich und verwaltete das Gemeinwesen mehr zum Nutzen der Polis als auf tyrannische Art und Weise. Seine Herrschaft war noch nicht gefestigt, da vereinigten sich die Anhänger des Megakles und des Lykurg und vertrieben ihn im sechsten Jahr nach seiner ersten Machtergreifung, unter dem Archonten Hegesias (556/555). (4) Im zwölften Jahr danach aber bot Megakles, durch den Bürgerkrieg in die Enge getrieben, dem Peisistratos wieder ein Bündnis an unter der Bedingung, daß dieser seine Tochter heirate, und brachte ihn auf primitive und äußerst einfältige Weise zurück. Nachdem er nämlich das Gerücht verbreitet hatte, Athena selbst werde Peisistratos zurückbringen, suchte er eine große und schöne Frau aus – wie Herodot sagt, aus dem Demos der Paianier, nach Meinung einiger anderer aber eine thrakische Blumenverkäuferin aus Kollytos namens Phye –, verkleidete sie als die Göttin (Athena) und führte sie zusammen mit Peisistratos in die Stadt. Peisistratos fuhr nun auf einem Wagen ein und hatte die Frau neben sich; die Leute in der Stadt aber empfingen ihn staunend und kniefällig.

15. So verlief also seine erste Rückkehr. Dann, etwa im siebten Jahr nach seiner Rückkehr, wurde er zum zweiten Mal vertrieben; er hielt sich nämlich nicht lange, sondern floh außer Landes aus Furcht vor den beiden Parteiungen, da er mit der Tochter des Megakles keinen Verkehr aufnehmen wollte. (2) Zunächst beteiligte er sich an der Gründung eines Ortes namens Rhaikelos am Golf von Thermai; von dort siedelte er in die Gegend um das Pangaiongebirge über. Nachdem er sich Geld beschafft und Söldner angeworben hatte, ging er von dort aus nach Eretria und versuchte schließlich im elften Jahr, seine Herrschaft wiederzugewinnen, damals zum ersten Mal mit Gewalt; dabei leisteten ihm viele andere bereitwillig Hilfe, am meisten die

Thebaner und Lygdamis aus Naxos, außerdem die Hippeis (Reiterklasse), die in Eretria den Staat beherrschten. (3) Nach seinem Sieg in der Schlacht beim Heiligtum der Athena Pallenis nahm er die Polis ein und beraubte das Volk seiner Waffen, und dieses Mal bekam er die Tyrannis sicher in die Hand. Auch Naxos gewann er und setzte dort Lygdamis als Herrscher ein. (4) Das Volk entwaffnete er auf folgende Weise. Er hielt eine Waffenparade im Theseion ab und begann anschließend, eine Volksversammlung durchzuführen. Kurze Zeit sprach er[2]; als aber die Anwesenden sagten, sie könnten ihn nicht verstehen, wies er sie an, zum Eingangstor der Akropolis hinaufzusteigen, damit er besser gehört werden könne. Während er durch eine Rede Zeit gewann, räumten damit beauftragte Männer die Waffen weg und schlossen sie in den nahegelegenen zum Theseion gehörigen Räumlichkeiten ein; dann gingen sie zu Peisistratos und verständigten ihn durch Zeichen. (5) Nachdem dieser seine Rede zu Ende geführt hatte, teilte er mit, was mit den Waffen geschehen sei, und sagte, sie sollten weder Erstaunen zeigen noch den Mut verlieren, sondern weggehen und sich um ihre Privatangelegenheiten kümmern; alle Staatsangelegenheiten werde er selbst besorgen.

16. Die Tyrannis des Peisistratos wurde also ursprünglich auf diese Weise errichtet und unterlag so vielen Veränderungen. (2) Peisistratos verwaltete, wie gesagt, das Gemeinwesen maßvoll und mehr zum Nutzen der Polis als auf tyrannische Art und Weise. Denn im allgemeinen war er menschenfreundlich, mild und bereit zu vergeben, wenn jemand ein Unrecht begangen hatte; insbesondere lieh er Bedürftigen Geld für die Produktion, damit sie auf Dauer von der Landwirtschaft leben konnten. (3) Das tat er aus zwei Gründen, nämlich damit sie nicht in der Stadt herumlungerten, sondern über das Land verteilt seien, und damit sie, in maßvollen Verhältnissen lebend und mit ihren Privatan-

---

2 An dieser Stelle, an der Chambers einige Buchstaben nicht zu lesen vermag, folgt die Übersetzung der Lesung von Kenyon.

gelegenheiten beschäftigt, weder den Wunsch noch die Zeit
hätten, sich um das Gemeinwesen zu kümmern. (4) Zugleich kam es ihm zugute, daß infolge der extensiven Be-
wirtschaftung des Landes auch seine Einnahmen höher
wurden; denn von den Ernteerträgen zog er den Zehnten
ein. (5) Deshalb setzte er auch die Demenrichter ein und
ging häufig selbst aufs Land hinaus, um nach dem Rechten
zu sehen und die Streitenden auszusöhnen, damit sie nicht
in die Stadt kämen und ihre Arbeit vernachlässigten. (6) Auf
einer solchen Reise ist Peisistratos, so erzählt man, das Er-
lebnis mit dem Bauern am Hymettos widerfahren, der das
später so genannte steuerfreie Gut bewirtschaftete. Als er
nämlich einen Mann sah, der nur Steine umgrub und bear-
beitete, befahl er seinem Sklaven, weil er sich darüber wun-
derte, zu fragen, was auf dem Boden wachse. »Nichts als
Übel und Qualen«, sagte dieser, »und auch von diesen
Übeln und Qualen muß Peisistratos den Zehnten bekommen.« Der Mann antwortete so, weil er ihn nicht erkannte,
Peisistratos aber, der sich über die freie Sprache und den
Arbeitseifer freute, befreite ihn von allen Abgaben. (7) Auch
sonst setzte er in seiner Herrschaftszeit der Menge in keiner
Weise zu, sondern erhielt immer den Frieden und sorgte für
Ruhe. Deshalb hat man oft gesagt, die Tyrannis des Peisistratos sei das (goldene) Zeitalter unter Kronos. Denn später, als seine Söhne ihm nachgefolgt waren, wurde die Herrschaft viel härter. (8) Das Wichtigste aber von allem, was
oben genannt wurde, waren seine volksfreundliche Einstellung und seine Menschenfreundlichkeit. Denn im allgemeinen war er bestrebt, alles gemäß den Gesetzen zu verwalten, ohne sich selbst irgendeinen Vorteil zu verschaffen;
und als er einmal, wegen Mordes angeklagt, vor den Areopag geladen wurde, erschien zwar er selbst, um sich zu ver-
teidigen, der Ankläger aber blieb aus Furcht fern. (9) Deshalb dauerte seine Herrschaft auch lange Zeit, und jedes-
mal, wenn er vertrieben wurde, erlangte er sie leicht wieder
zurück. Denn die Mehrheit sowohl unter den Vornehmen
als auch im Volk unterstützte ihn; die einen brachte er näm-

lich durch persönlichen Umgang, die anderen durch Hilfen bei ihren Privatangelegenheiten auf seine Seite, und zu beiden Gruppen verhielt er sich anständig. (10) Auch waren alle Gesetze der Athener über die Tyrannen zu jener Zeit milde, ganz besonders dasjenige gegen die Errichtung einer Tyrannis; sie hatten nämlich folgendes Gesetz: »Festgesetzt und althergebracht ist für die Athener das folgende: Wenn jemand sich zur Errichtung einer Tyrannis erhebt oder bei der Errichtung einer Tyrannis mitwirkt, dann sollen er und sein Geschlecht rechtlos sein.«

17. Peisistratos hatte also seine Herrschaft bis ins Alter inne und starb an einer Krankheit unter dem Archonten Philoneos (528/527); seitdem er zum ersten Mal Tyrann geworden war, hat er dreiunddreißig Jahre gelebt, von denen er aber nur neunzehn Jahre die Herrschaft innehatte; die übrige Zeit verbrachte er nämlich im Exil. (2) Deshalb reden offensichtlich diejenigen Unsinn, die behaupten, Peisistratos sei Solons Geliebter und Stratege im Krieg um Salamis gegen Megara gewesen. Denn das ist aufgrund der jeweiligen Lebensdauer nicht möglich, wenn man berechnet, wie lange jeder von ihnen gelebt hat und unter welchem Archonten er starb. (3) Nach dem Tod des Peisistratos übernahmen seine Söhne die Herrschaft und führten die Staatsgeschäfte in der gleichen Weise fort. Zwei Söhne, Hippias und Hipparchos, stammten von seiner Ehefrau, zwei weitere von der Argiverin, nämlich Iophon und Hegesistratos, der den Beinamen Thettalos hatte. (4) Peisistratos hat nämlich als Argos Timonassa, die Tochter eines argivischen Mannes namens Gorgilos, geheiratet, die vorher Archinos, der Ambrakiote aus dem Geschlecht der Kypseliden, zur Frau gehabt hatte. Daher rührte auch seine Freundschaft mit den Argivern, von denen tausend, die Hegesistratos herangeführt hatte, in der Schlacht am Heiligtum der Athena Pallenis mitkämpften. Die Argiverin habe er geheiratet, sagen die einen, als er zum ersten Mal vertrieben war, nach Aussage anderer in der Zeit seiner Herrschaft.

18. Herren über die Staatsangelegenheiten waren aufgrund ihrer Stellung und ihres Alters Hipparchos und Hippias; da

49

Hippias der ältere sowie von Natur aus politisch begabt und verständig war, übte er die Herrschaft aus. Hipparchos hingegen liebte Vergnügungen, Liebschaften und die Künste, und er war es auch, der Anakreon und Simonides sowie die anderen Dichter (nach Athen) kommen ließ. (2) Thettalos war viel jünger und in seiner Lebensweise anmaßend und übermütig; von ihm nahmen alle Übel, die ihnen zustießen, ihren Ausgang. Als er sich nämlich in Harmodios verliebt hatte, aber dessen Zuneigung nicht gewinnen konnte, beherrschte er seine Wut nicht, sondern ließ sie bei einigen Gelegenheiten in scharfer Form zum Ausbruch kommen. Schließlich hinderte er die Schwester des Harmodios daran, wie vorgesehen als Korbträgerin an den Panathenäen teilzunehmen, und beschimpfte den Harmodios als Schwächling; das reizte Harmodios und Aristogeiton und veranlaßte sie, unter Beteiligung vieler anderer ihre Tat zu begehen. (3) Schon lauerten sie bei den Panathenäen (514/513) dem Hippias auf – diesem war es nämlich zugefallen, den Festzug zu empfangen, dem Hipparchos, ihn abzuschicken –, da sahen sie einen, der an dem Anschlag beteiligt war, freundlich mit Hippias reden und glaubten, er zeige ihm das Vorhaben an; um vor ihrer Ergreifung wenigstens etwas zu vollbringen, liefen sie hinab, stürmten vor den Priestern los und töteten Hipparchos, der den Festzug am Leokoreion ordnete; damit verdarben sie aber den ganzen Anschlag. (4) Harmodios fand durch die Lanzenträger auf der Stelle sein Ende, Aristogeiton dagegen erst später, nachdem er ergriffen und lange Zeit gefoltert worden war. Er beschuldigte unter der Folter viele, die von vornehmer Herkunft und Freunde der Tyrannen waren. Zunächst konnte man nämlich keine Spur des Anschlags finden, und die verbreitete Erzählung, Hippias habe die Teilnehmer des Festzugs ihre Waffen niederlegen lassen und dadurch diejenigen, die Dolche trugen, entdeckt, ist nicht wahr; denn damals nahm man am Festzug nicht mit Waffen teil, sondern später erst richtete das Volk es so ein. (5) Er beschuldigte also die Freunde des Tyrannen, und zwar, wie die Volksfreunde sagen, absichtlich, damit sie sich ver-

50

gingen und zugleich schwächer würden, wenn sie ihre eigenen unschuldigen Freunde töteten; andere aber sagen, er habe nicht gelogen, sondern wirklich die Mitwisser angegeben. (6) Als er schließlich trotz aller Versuche nicht sterben konnte, überredete er den Hippias durch das Versprechen, noch viele andere anzugeben, dazu, ihm als Vertrauensbeweis die rechte Hand zu geben; als er sie ergriffen hatte, beleidigte er Hippias mit dem Vorwurf, dem Mörder seines Bruders die Rechte gereicht zu haben, und reizte ihn dadurch so, daß dieser sich vor Wut nicht mehr beherrschte, sondern sein Schwert zog und ihn niedermachte.

19. Hierauf wurde die Tyrannis viel härter; denn weil er für seinen Bruder Rache nahm und viele beseitigt oder vertrieben hatte, war Hippias gegen alle mißtrauisch und verbittert. (2) Ungefähr im vierten Jahr nach dem Tod des Hipparchos (511/510), als die Lage in der Stadt unsicher war, begann er damit, Munichia zu befestigen, um dorthin überzusiedeln. Während er damit befaßt war, wurde er von Kleomenes, dem König der Spartaner, aus dem Land getrieben, weil die Spartaner immer wieder Orakelsprüche erhielten, sie sollten der Tyrannis ein Ende machen; der Grund dafür war der folgende. (3) Die Verbannten, an deren Spitze sich die Alkmeoniden gestellt hatten, waren nicht stark genug, ihre Rückkehr aus eigener Kraft durchzusetzen, sondern scheiterten immer wieder. Denn sie blieben auch in allem anderen, was sie unternahmen, erfolglos, und als sie draußen auf dem Lande Leipsydrion am Parnesgebirge befestigt hatten und sich einige aus der Stadt dort eingefunden hatten, wurden sie von den Tyrannen zur Kapitulation gezwungen. Deshalb sangen sie später, nach diesem Unglück, in ihren Trinkliedern:

Weh, Leipsydrion, du hast die Freunde verraten;
was für Männer hast du vernichtet,
gute Kämpfer von vornehmer Herkunft,
die damals zeigten, von welchen Vätern sie stammten.

51

(4) Nachdem nun alle ihre Unternehmungen erfolglos geblieben waren, erhielten sie den Zuschlag, die Bauarbeiten am Tempel in Delphi auszuführen; dadurch verschafften sie sich reichlich Mittel, um sich die Hilfe der Spartaner zu sichern. Zudem ermahnte die Pythia die Spartaner immer wieder, wenn sie das Orakel befragten, Athen zu befreien, bis sie schließlich die Spartiaten dazu brachte, obwohl die Peisistratiden ihre Gastfreunde waren. Allerdings trug die Freundschaft, die die Peisistratiden mit den Argivern verband, einen nicht geringeren Teil zum Eingreifen der Spartaner bei. (5) Zunächst also entsandten sie Anchimolos mit einer Streitmacht zur See; er wurde aber besiegt und fand selbst den Tod, weil der Thessalier Kineas mit tausend Reitern gegen ihn zu Hilfe kam. Darüber erzürnt schickten sie den König Kleomenes mit einem größeren Heer zu Lande aus; nachdem dieser die thessalischen Reiter, die ihn am Einmarsch nach Attika hindern wollten, besiegt hatte, schloß er den Hippias in der sogenannten pelargischen Mauer ein und belagerte ihn mit Hilfe der Athener. (6) Während der Belagerung wurden überraschend die Söhne der Peisistratiden gefangengenommen, als sie zu entfliehen versuchten. Nach deren Ergreifung schlossen die Peisistratiden zur Rettung ihrer Kinder ein Übereinkommen; innerhalb von fünf Tagen brachten sie ihre Habe weg und übergaben, unter dem Archonten Harpaktides (511/510), die Akropolis den Athenern. Nach dem Tod ihres Vaters hatten sie die Tyrannis noch ungefähr siebzehn Jahre lang innegehabt, insgesamt aber, einschließlich der Zeit, in der ihr Vater herrschte, waren es neunundvierzig Jahre.

Von Kleisthenes bis zum Ende der Perserkriege (Kap. 20–22)

20. Nach dem Sturz der Tyrannis lagen der Sohn des Teisandros, Isagoras, der ein Freund der Tyrannen war, und Kleisthenes aus dem Geschlecht der Alkmeoniden miteinander im Kampf. Als Kleisthenes den politischen Bünden (*hetaireíai*) unterlag, brachte er das Volk auf seine Seite,

indem er die Herrschaft im Staat auf die Menge übertrug.
(2) Weil Isagoras dadurch an Macht verlor, rief er wieder
Kleomenes zu Hilfe, dessen Gastfreund er war, und gewann
ihn dafür, den Fluch zu bannen; denn die Alkmeoniden, so
glaubte man, gehörten zu den Fluchbeladenen. (3) Kleisthenes entfloh, bevor Kleomenes mit geringer Heeresmacht
ankam und siebenhundert athenische Familien als fluchbe-
laden aus dem Land vertrieb. Im Anschluß an diese Maßnahme versuchte er, den Rat aufzulösen und Isagoras mit
dreihundert seiner Anhänger als Herren des Staates einzu-
setzen. Als aber der Rat Widerstand leistete und auch die
Menge sich versammelte, flohen diejenigen, die zu Kleomenes und Isagoras gehörten, auf die Akropolis. Das Volk ließ
sich davor nieder und belagerte sie zwei Tage lang; am dritten Tag ließen sie Kleomenes und alle seine Leute mit ihm
im Schutze eines Waffenstillstands abziehen, Kleisthenes
aber und die anderen Flüchtlinge riefen sie zurück. (4) Das
Volk errang also die Kontrolle über das Staatswesen, und
Kleisthenes stand als Führer des Volkes an seiner Spitze.
Denn die Alkmeoniden hatten wohl den größten Anteil an
der Vertreibung der Tyrannen und betrieben die meiste Zeit
über ihre Bekämpfung. (5) Aber auch schon vor den Alkmeoniden hatte Kedon die Tyrannen angegriffen, weshalb
man in den Trinkliedern auch auf ihn sang:

> Schenk auch dem Kedon ein, Diener, und vergiß ihn nicht,
> wenn es so ist, daß man den tapferen Männern Wein ein-
> schenken muß.

21. Aus diesen Gründen also vertraute das Volk dem
Kleisthenes. Als Anführer der Menge teilte dieser dann, im
vierten Jahr nach der Entmachtung der Tyrannen, unter
dem Archonten Isagoras (508/507), (2) in einer ersten Maßnahme alle Bürger in zehn statt der bisherigen vier Phylen
ein, denn er wollte sie untereinander vermischen, damit
mehr von ihnen an der Ausübung der politischen Macht
Anteil nehmen könnten. Daher wurde auch das Wort ge-
prägt: »nicht nach den (alten) Phylen urteilen«, eine Ant-

wort an diejenigen, die herausfinden wollen, welchem Geschlecht (*génos*) jemand angehört. (3) Als nächstes richtete er den Rat der Fünfhundert statt der Vierhundert ein, fünfzig aus jeder Phyle; bis dahin waren es hundert pro Phyle. Er teilte das Volk aus dem Grund nicht in zwölf Phylen ein, damit die neue Einteilung nicht mit den bereits bestehenden Trittyen zusammenfalle; denn es bestanden schon zwölf Trittyen, die aus den vier Phylen gebildet waren, so daß es auf dieser Grundlage nicht gelungen wäre, die Menge zu vermischen. (4) Ferner teilte er das Land nach Demen in dreißig Teile auf, von denen zehn dem Stadtgebiet, zehn der Küste und zehn dem Binnenland zugehörten; diese nannte er Trittyen und loste jeder Phyle drei davon zu, damit jede Phyle an allen Gegenden Anteil habe. Auch verband er die in jedem Demos Wohnhaften miteinander zu Demenmitgliedern, damit sie nicht mehr durch Verwendung der Vatersnamen die Neubürger bloßstellten, sondern sich nach ihren Demen nannten; deshalb benennen sich die Athener nach den Demen. (5) Er setzte auch Demarchoi ein, die dieselbe Aufgabe wie die früher amtierenden Naukraroi hatten; denn er setzte die Demen an die Stelle der Naukrarien. Er verlieh den Demen Namen, die teils von ihrer Lage, teils von ihren Gründern abgeleitet waren; denn nicht mehr alle befanden sich noch in ihren ursprünglichen Orten. (6) Er gestattete jedem Bürger, dem Herkommen gemäß weiterhin die Gene, den Phratrien und den Priesterschaften anzugehören. Den Phylen gab er Eponymoi, indem die Pythia aus hundert vorgeschlagenen Gründungsheroen zehn Namen auswählte.

22. Infolge dieser Maßnahmen wurde die Verfassung viel demokratischer als die Solons. Es war nämlich so, daß die Tyrannis die Gesetze Solons, weil sie nicht angewandt wurden, außer Kraft setzte, und daß Kleisthenes andere, neue Gesetze erließ, mit denen er auf die Gunst der Menge zielte; darunter war auch das Gesetz über das Scherbengericht (*ostrakismós*). (2) Zuerst nun wurde im fünften Jahr nach der Errichtung dieser Verfassung, unter dem Archonten Her-

mokreon, für den Rat der Fünfhundert der Eid festgelegt, den man auch heute noch schwört. Dann ging man dazu über, die Strategen nach Phylen zu wählen, aus jeder Phyle einen; Oberbefehlshaber des gesamten Heeres war aber der Polemarchos. (3) Als im zwölften Jahr danach, unter dem Archonten Phainippos (490/489), die Schlacht bei Marathon gewonnen wurde, ließ man nach dem Sieg noch zwei Jahre verstreichen und wandte dann, als das Volk schon Selbstvertrauen hatte, zum ersten Mal das Gesetz über das Scherbengericht an (488/487). Dieses Gesetz war aus Mißtrauen gegen die Inhaber von Machtstellungen erlassen worden, weil sich Peisistratos als Volksführer und Stratege zum Tyrannen aufgeworfen hatte. (4) Einer seiner Verwandten wurde dann auch als erster durch das Scherbengericht verbannt (ostrakisiert), nämlich Hipparchos, Sohn des Charmos, aus Kollytos; hauptsächlich seinetwegen, da er ihn vertreiben wollte, hatte Kleisthenes das Gesetz erlassen. Die Athener ließen nämlich die Freunde der Tyrannen, sofern diese sich während der Unruhen nichts hatten zuschulden kommen lassen, in der Stadt wohnen und übten so die gewohnte Milde des Volkes; Hipparchos stand als ihr Führer an der Spitze der Tyrannenfreunde. (5) Gleich im folgenden Jahr, unter dem Archonten Telesinos (487/486), bestimmten sie, zum ersten Mal nach der Tyrannis, die neun Archonten durch das Bohnenlos nach Phylen aus hundert Kandidaten, die die Demenmitglieder vorher gewählt hatten; alle früheren Archonten waren gewählt. Durch das Scherbengericht verbannt wurde Megakles, Sohn des Hippokrates, aus Alopeke. (6) Drei Jahre lang ostrakisierten sie also die Freunde der Tyrannen, deretwegen das Gesetz erlassen worden war; danach aber, im vierten Jahr (485/484), begannen sie, auch andere, die ihnen zu mächtig erschienen, wegzuschicken; als erster von denen, die der Tyrannis fernstanden, wurde Xanthippos, Sohn des Ariphron, ostrakisiert. (7) Im dritten Jahr danach, im Archontat des Nikodemos (483/482), als die Silberminen in Maroneia entdeckt wurden und der Polis aus deren Ausbeutung hundert Talente zuflossen, gaben einige den Rat, das

Silber an das Volk zu verteilen. Themistokles verhinderte das, wobei er nicht preisgab, wozu er das Geld verwenden werde; vielmehr drang er darauf, jedem der hundert reichsten Athener ein Talent als Darlehen zu geben; wenn dann diese Verwendung Gefallen fände, dann solle die Ausgabe zu Lasten der Polis gehen; wenn aber nicht, solle man das Geld von den Darlehensnehmern wieder einziehen. Nachdem er unter diesen Bedingungen das Geld übernommen hatte, ließ er davon hundert Trieren bauen, wobei jeder der hundert Darlehensnehmer für den Bau einer Triere verantwortlich war; mit diesen Schiffen schlugen sie die Seeschlacht bei Salamis gegen die Barbaren. Ostrakisiert wurde zu diesem Zeitpunkt Aristeides, Sohn des Lysimachos. (8) Im vierten Jahr danach, als Hypsichides Archon war, nahm man wegen des Feldzuges des Xerxes alle durch das Scherbengericht Verbannten wieder auf; und für die Zukunft wurde bestimmt, daß die Ostrakisierten sich jenseits[3] von Geraistos und Skyllaion ansiedeln oder völlig rechtlos werden sollten.

Von den Perserkriegen bis zu den Nachfolgern des Perikles
(Kap. 23–28)

23. Bis dahin war also damals die Polis, und zugleich ihre demokratische Verfassung, in der Entwicklung fortgeschritten und hatte dabei nach und nach an Stärke gewonnen. Nach den Perserkriegen jedoch wurde der Rat auf dem Areopag wieder mächtig und leitete die Polis; die führende Stellung übernahm er nicht aufgrund eines Beschlusses, sondern wegen seines Verdienstes um die Seeschlacht bei Salamis. Als nämlich die Strategen in dieser Situation ratlos waren und ausrufen ließen, jeder solle sich selbst retten, verteilte er, nachdem er Geld beschafft hatte, an jeden acht Drachmen und bemannte die Schiffe. (2) Aus diesem Grund fügten sich die Athener seiner Autorität und wur-

---

3 Im Gegensatz zur 1. Auflage (»diesseits«) wird hier eine Konjektur von Wyse übernommen.

den auch in dieser Zeit gut regiert. Es war nämlich zu der Zeit so, daß sie für den Krieg übten, bei den Griechen in hohem Ansehen standen und gegen den Willen der Spartaner die Vorherrschaft zur See gewannen. (3) An der Spitze des Volkes standen in jener Zeit Aristeides, Sohn des Lysimachos, und Themistokles, Sohn des Neokles; der letztere betrieb die Kriegsangelegenheiten, der erstere galt als fähiger Politiker und als ein Mann, der sich unter seinen Zeitgenossen durch Gerechtigkeit auszeichnete; daher verwendete man den einen als Strategen, den anderen als Ratgeber. (4) Den Wiederaufbau der Mauern organisierten sie allerdings gemeinsam, obwohl sie persönlich Gegner waren; Aristeides aber war es, der die Jonier zum Abfall von ihrem Bündnis mit den Spartanern bewog, nachdem er bemerkt hatte, daß die Spartaner wegen Pausanias heftiger Kritik ausgesetzt waren. (5) Deshalb war er es auch, der im dritten Jahr nach der Seeschlacht bei Salamis, unter dem Archonten Timosthenes (478/477), die ersten Tribute für die Staaten (des Seebunds) festsetzte, und er leistete den Joniern die Eide, daß Freund und Feind für sie gemeinsam sein sollten; zur Bekräftigung dieser Abmachung versenkten sie Eisenklumpen im Meer.

24. Als danach das Selbstvertrauen der Polis zunahm und sich viel Geld angesammelt hatte, riet Aristeides dazu, die Vorherrschaft (im Seebund) zu übernehmen, die Felder zu verlassen und in der Stadt zu wohnen; Lebensunterhalt werde es nämlich für alle geben, für die einen auf Feldzügen, für andere im Besatzungsdienst, wieder für andere in der Verwaltung des Gemeinwesens; so würden sie ihre Vorherrschaft dann aufrechterhalten. (2) Sie ließen sich davon überzeugen und brachten die Herrschaft an sich; die Bundesgenossen behandelten sie nun herrischer, ausgenommen die Chier, Lesbier und Samier; diese benutzten sie als Stützen ihrer Herrschaft, indem sie ihre jeweiligen Verfassungen und Herrschaftsbereiche unangetastet ließen. (3) Der Volksmenge verschafften sie ein gutes Auskommen, wie es Aristeides vorgeschlagen hatte. Es war nämlich so, daß aus

den Tributen, den Steuern und den übrigen Einnahmen von den Bundesgenossen mehr als 20 000 Männer ernährt werden konnten. Es gab nämlich 6000 Richter (*dikastaí*), 1600 Bogenschützen, außer diesen noch 1200 Reiter, den Rat der Fünfhundert sowie fünfhundert Wächter der Werften, neben diesen fünfzig Wächter auf der Akropolis, etwa siebenhundert Amtsträger innerhalb und ungefähr siebenhundert (?) außerhalb des Landes; zu diesen kamen, als sie später den Krieg vorbereiteten, 2500 Schwerbewaffnete, zwanzig Wachschiffe sowie andere Schiffe, die die Tribute und die 2000 durch das Bohnenlos bestimmten Männer beförderten; außerdem gab es das Prytaneion, die Waisenkinder und die Aufseher über die Gefangenen. Denn für all diese Menschen wurde der Lebensunterhalt aus den Mitteln des Gemeinwesens bestritten.

25. Der Lebensunterhalt für das Volk kam also dadurch zustande. Nach den Perserkriegen hatte die Verfassung, in welcher die Areopagiten die führende Stellung einnahmen, ungefähr siebzehn Jahre lang Bestand, auch wenn sie einen allmählichen Niedergang erlebte. Als aber die Volksmenge stärker wurde, gelangte Ephialtes, Sohn des Sophonides, der als unbestechlich und loyal gegenüber dem Staatswesen galt, an die Spitze des Volkes und richtete Angriffe gegen den Rat (auf dem Areopag). (2) Zunächst beseitigte er viele der Areopagiten, indem er gegen sie Prozesse wegen ihrer Amtsführung anstrengte. Dann, unter dem Archonten Konon (462/461), nahm er diesem Rat alle die hinzugekommenen Funktionen wieder, durch die er Wächter der Verfassung war, und übertrug die einen den Fünfhundert, die anderen dem Volk und den Gerichten. (3) Er führte diese Maßnahmen unter Mitwirkung des Themistokles durch, der zwar zu den Areopagiten gehörte, aber unmittelbar vor einer Verurteilung wegen Perserfreundlichkeit (*mēdismós*) stand. Da Themistokles den Rat auflösen wollte, sagte er zu Ephialtes, daß der Rat ihn (den Ephialtes) gefangennehmen wolle; zu den Areopagiten sagte er aber, er werde ihnen einige Leute zeigen, die sich zu einem Verfassungsumsturz

zusammengetan hätten. Er führte also die dafür ausgewählten Ratsmitglieder dorthin, wo Ephialtes sich aufhielt, um ihnen die Versammelten zu zeigen, und unterhielt sich lebhaft mit diesen. Als Ephialtes das sah, erschrak er und setzte sich, nur mit dem Chiton bekleidet, auf den Altar. (4) Alle wunderten sich über den Vorfall, und als danach der Rat der Fünfhundert zusammentrat, klagten Ephialtes und Themistokles die Areopagiten an und wiederholten dieselben Klagen vor dem Volk, bis jenen ihre Macht genommen wurde. (5) Aber auch Ephialtes verlor nicht viel später sein Leben durch einen Mordanschlag, den Aristodikos aus Tanagra ausführte.

26. Der Rat der Areopagiten wurde also auf diese Weise seiner Aufsichtsfunktion beraubt. In der Folgezeit löste sich die Staatsordnung durch eifrig tätige Demagogen weiter auf. Denn in dieser Periode ergab es sich, daß die oberen Schichten keinen Führer hatten; vielmehr stand an ihrer Spitze Kimon, Sohn des Miltiades, der noch recht jung war und sich erst seit kurzem den Angelegenheiten der Polis zugewandt hatte; zudem waren die meisten dieser Bürger im Krieg gefallen. Weil nämlich in der damaligen Zeit das Heer aus einer Bürgerliste aufgestellt wurde und Strategen ins Amt gelangten, die in der Kriegführung unerfahren, aufgrund ihrer ruhmvollen Familientradition aber angesehen waren, kam es regelmäßig dazu, daß von den Ausrückenden jeweils 2000 oder 3000 fielen, so daß die Tüchtigen, sowohl aus dem Volk als auch aus den wohlhabenden Schichten, aufgerieben wurden. (2) Alle anderen Angelegenheiten nun verwalteten sie nicht mehr gleichermaßen wie früher, als sie sich von den Gesetzen leiten ließen; nur die Wahl der neun Archonten änderten sie nicht, beschlossen aber im sechsten Jahr nach dem Tod des Ephialtes, die Kandidaten, aus denen dann die neun Archonten erlost wurden, auch aus den Zeugiten vorzuwählen; und als erster Archon aus ihren Reihen amtierte Mnesitheides (457/456). Alle Archonten vor ihm gehörten zu den Hippeis oder den Pentakosiomedimnoi, während die Zeugiten nur die niedrigen Ämter verwalteten, falls nicht gesetzliche Bestimmungen

mißachtet wurden. (3) Im fünften Jahr danach, unter dem Archonten Lysikrates (453/452), wurden die dreißig sogenannten Demenrichter wieder eingesetzt. Und im dritten Jahr nach diesem Archonten, unter Antidotos (451/450), faßte man wegen der Menge der Bürger auf Antrag des Perikles den Beschluß, daß derjenige das Bürgerrecht nicht besitzen solle, dessen Eltern nicht beide Bürger seien.

27. Danach gelangte Perikles in die Position des Volksführers; er hatte seinen guten Ruf begründet, als er, noch ein junger Mann, nach Ablauf der Strategie Kimons gegen dessen Rechenschaftslegung Klage erhob; nun kam es dazu, daß die Verfassung noch demokratischer wurde. Denn er entzog den Areopagiten einige Befugnisse, und vor allem veranlaßte er die Polis, sich auf ihre Stärke zur See zu konzentrieren, was dazu führte, daß die Menge an Selbstvertrauen gewann und das ganze Staatswesen zunehmend an sich zog. (2) Im neunundvierzigsten Jahr nach der Seeschlacht bei Salamis, unter dem Archonten Pythodoros (432/431), begann der Krieg gegen die Peloponnesier, in dessen Verlauf das Volk, das in der Stadt eingeschlossen und daran gewöhnt worden war, auf den Feldzügen Sold zu erhalten, sich teils freiwillig, teils unfreiwillig dazu entschied, den Staat selbst zu verwalten. (3) Perikles führte auch als erster eine Besoldung der Gerichte ein, um damit gegen den Reichtum Kimons um die Gunst des Volkes zu konkurrieren. Denn da Kimons Vermögen dem eines Tyrannen nicht nachstand, führte er zum einen die öffentlichen Liturgien glanzvoll durch und gewährte zum anderen vielen Mitgliedern seines Demos Lebensunterhalt. Von den Lakiaden konnte nämlich jeder, der wollte, täglich zu ihm kommen und eine angemessene Ration erhalten; außerdem war sein gesamter Landbesitz nicht eingezäunt, damit jeder, der wollte, von den Früchten nehmen konnte. (4) Gegenüber dieser Freigebigkeit war Perikles mit seinem Vermögen im Nachteil; als ihm daher Damonides aus Oe, der als Urheber der meisten Maßnahmen des Perikles galt und aus diesem Grund später ostrakisiert wurde, dazu riet, da er mit seinem Privatvermögen unterle-

gen sei, der Menge ihr eigenes Vermögen zu schenken, führte Perikles die Besoldung der Richter ein. Dadurch, so klagen manche, seien die Gerichte schlechter geworden, weil sich zunehmend mehr die durchschnittlichen als die besseren Menschen um die Auslosung zu Richtern bemühten. (5) Danach begannen auch die Bestechungen, und Anytos zeigte als erster diese Möglichkeit auf, nachdem er als Stratege in Pylos fungiert hatte; denn als er von einigen wegen des Verlustes von Pylos angeklagt wurde, bestach er das Gericht und wurde freigesprochen.

28. Solange nun Perikles an der Spitze des Volkes stand, stand es besser um das Staatswesen, nach seinem Tode aber wurde es damit viel schlechter. Dann nämlich nahm sich das Volk erstmals einen Führer, der bei den besseren Leuten nicht gut angesehen war; in den früheren Zeiten hingegen hatten immer die Besseren das Volk geführt. (2) Am Anfang gelangte nämlich als erster Solon an die Spitze des Volkes, als zweiter Peisistratos, während Lykurg die von angesehener Abstammung und Vornehmen anführte. Nach dem Sturz der Tyrannis folgte Kleisthenes aus dem Geschlecht der Alkmeoniden, und dieser hatte keinen politischen Gegenspieler, weil die Leute um Isagoras vertrieben waren. Danach stand Xanthippos an der Spitze des Volkes, bei den Vornehmen war es Miltiades; dann folgten Themistokles und Aristeides. Nach diesen war Ephialtes Führer des Volkes, Kimon, Sohn des Miltiades, der der Reichen. Dann waren es Perikles beim Volk und Thukydides, der über seine Frau mit Kimon verwandt war, bei den anderen. (3) Nach dem Tod des Perikles stand Nikias, der in Sizilien sein Ende fand, an der Spitze der Angesehenen, an der Spitze des Volkes hingegen Kleon, Sohn des Kleainetos, der, wie es scheint, durch seine unkontrollierte Impulsivität das Volk mehr als sonst jemand verdorben hat; er war der erste, der auf der Rednertribüne schrie, schimpfte und sich in gegürteter Kleidung an das Volk wandte, während die anderen in angemessenem Aufzug redeten. Nach diesem war dann Theramenes, Sohn des Hagnon, Führer der anderen, Führer

des Volkes aber Kleophon, der Lyrahersteller, der auch als erster die Auszahlung der zwei Obolen herbeiführte. Eine Zeitlang teilte er die Gelder auch aus, dann aber hob Kallikrates aus Paiania die Zahlungen auf, obwohl er zunächst versprochen hatte, den zwei Obolen einen weiteren hinzuzufügen. Diese beiden Männer wurden später zum Tod verurteilt; die Menge nämlich pflegt, besonders wenn sie getäuscht wird, später diejenigen zu hassen, die sie dazu gebracht haben, etwas Schlechtes zu tun. (4) Seit Kleophon lösten bei der Volksführung kontinuierlich nur noch diejenigen einander ab, die sich besonders unverschämt aufführen und der Menge am meisten zu Gefallen sein wollten und dabei nur auf Augenblickseffekte achteten. (5) Von denen, die sich in Athen als Nachfolger der Alten den Staatsgeschäften widmeten, waren nach allgemeiner Ansicht Nikias, Thukydides und Theramenes die besten. Was Nikias und Thukydides betrifft, stimmen nahezu alle darin überein, daß sie nicht nur edle und tüchtige, sondern auch politisch befähigte Männer waren, die sich nach althergebrachter Art um die ganze Polis kümmerten; die Beurteilung des Theramenes ist dagegen umstritten, weil gerade zu seiner Zeit die Verfassung in Unordnung geriet. Freilich glauben diejenigen, die nicht leichtfertig urteilen, daß er keineswegs alle Verfassungsordnungen aufgelöst habe, wie seine Verleumder behaupten; vielmehr habe er alle unterstützt, solange sie nicht gegen die Gesetze verstoßen hätten, in der Überzeugung, er könne sich in allen Verfassungsordnungen politisch betätigen – was ja gerade die Pflicht eines guten Bürgers ist –, wenn er deren Gesetzesverstöße nicht billige, sondern ihre Feindschaft in Kauf nehme.

Die Herrschaft der Vierhundert und der Fünftausend (Kap. 29–33)

29. Solange nun die Kriegslage ausgeglichen war, wahrten die Athener die Demokratie. Als aber nach dem Unglück in Sizilien die Position der Spartaner durch deren Bündnis mit

dem Großkönig stärker wurde, waren sie gezwungen, die Demokratie abzuschaffen und die Verfassung der Vierhundert einzuführen; die Rede vor der Abstimmung hielt Melobios, den Antrag stellte Pythodoros aus Anaphlystos. Die Menge wurde vor allem deshalb überredet, weil sie glaubte, der Großkönig werde eher auf ihrer Seite kämpfen, wenn sie die Staatsführung nur wenigen anvertraute. (2) Der Antrag des Pythodoros lautete folgendermaßen. Das Volk solle zu den bereits vorher amtierenden zehn Vorberatern (*próbuloi*) zwanzig weitere aus den über Vierzigjährigen wählen, die schwören sollten, das vorzuschlagen, was sie im Interesse des Staates für das Beste hielten, um dann Vorschläge zur Rettung des Staates auszuarbeiten; es solle aber auch jedem anderen Bürger, der das wolle, gestattet sein, einen Antrag vorzulegen, damit man aus allen Vorschlägen das Beste auswähle. (3) Kleitophon beantragte, den Antrag des Pythodoros im übrigen unverändert zu lassen, aber zusätzlich sollten die Gewählten auch den althergebrachten Gesetzen, die Kleisthenes erlassen hatte, als er die Demokratie einrichtete, nachgehen, damit sie auch diesen Gehör schenkten und so das beste Ergebnis erreichten; er war der Ansicht, daß die Verfassung des Kleisthenes nicht volksfreundlich, sondern jener Solons ähnlich gewesen sei. (4) Die Gewählten aber stellten zuerst den Antrag, daß die Prytanen verpflichtet sein sollten, sämtliche Anträge, die zur Rettung des Staates eingebracht würden, zur Abstimmung zu stellen. Dann hoben sie die Klagen gegen gesetzwidrige Anträge (*graphaí paranómon*), die politischen Anklagen (*eisangelíai*) sowie die Vorladungen (*prosklḗseis*) auf, damit die Athener, die es wollten, über ihre Vorschläge mitberaten könnten. Wenn aber dennoch jemand wegen solcher Vorschläge einen anderen bestrafe oder vorlade, oder den Fall bei Gericht einführe, dann solle er angezeigt (*éndeixis*) und vor die Strategen gebracht (*apagogḗ*) werden; die Strategen sollten ihn den Elf (*héndeka*) zur Hinrichtung übergeben. (5) Danach organisierten sie die Verfassung folgendermaßen. Die Einkünfte durften für keinen anderen Zweck als für den Krieg verwendet werden; alle Amtsträger sollten ohne Bezahlung amtieren, solange der Krieg dauern würde, mit Ausnahme der neun Archonten und der jeweiligen Prytanen; von diesen sollte jeder drei Obolen täglich erhalten. Die gesamte übrige Staatsverwaltung sollte man, solange der Krieg dauern würde, denjenigen Athenern übertragen, die am besten dazu im Stande seien, mit ihrer Person und ihren Geldmitteln dem Staat zu dienen; nicht weniger als Fünftausend sollten es sein. Diese sollten auch befugt sein, Verträge abzuschließen, mit wem sie wollten. Aus jeder Phyle sollte man zehn über vierzigjährige Männer wählen, welche einen Eid auf makellose Opfertiere ablegen und dann die Liste der Fünftausend anlegen sollten.

30. Die Gewählten setzten also diese Regelungen auf. Nachdem sie in Kraft getreten waren, wählten die Fünftausend aus ihrer Mitte hundert Männer, welche die Einzelheiten der Staatsordnung schriftlich ausarbeiten sollten. Die Gewählten legten folgendes schriftlich vor: (2) »Ratsmitglieder sollen, jeweils für ein Jahr und ohne Bezahlung, die über dreißig Jahre alten Bürger sein. Aus diesen sind die Strategen zu nehmen sowie die neun Archonten, der Hieromnemon, die Taxiarchen, Hipparchen, Phylarchen, die Befehlshaber (*árchontes*) für die Garnisonen, die zehn Schatzmeister (*tamíai*) für die heiligen, der Athena und den anderen Göttern gehörenden Gelder, zwanzig Hellenotamiai, die in Zukunft auch alle übrigen profanen Gelder zu verwalten haben, sowie die zehn Hieropoioi und Aufseher (*epimeletaí*). All diese sind aus Kandidaten zu wählen, die in einer größeren Zahl als für die Ämter benötigt aus dem jeweils amtierenden Rat vorgewählt werden. Alle übrigen Ämter werden durch das Los besetzt, und zwar nicht mit Ratsmitgliedern. Die Hellenotamiai, die die Gelder verwalten, sollen dem Rat nicht mehr angehören. (3) In vier Räte soll man in Zukunft die Männer einteilen, die das genannte Alter erreicht haben, und von diesen vier soll jeweils eine Abteilung nach dem Los als Rat amtieren; auch die übrigen (der Fünftausend) sollen auf je eine Abteilung verteilt wer-

den. Die hundert Männer sollen also sich selbst und die übrigen Bürger in vier möglichst gleich große Teile aufteilen und einen davon auslosen, der für ein Jahr als Rat amtiert. (4) Sie sollen darüber beraten, wie am besten mit den öffentlichen Geldern umzugehen sei, damit diese sicher sind und nur für das Notwendige ausgegeben werden, und auch über alle anderen Angelegenheiten, so gut sie es vermögen. Wenn sie etwas in einem größeren Kreis beraten wollen, kann jedes Ratsmitglied nach seiner Wahl einen weiteren Bürger derselben Altersstufe hinzuziehen. Die Ratssitzungen finden alle fünf Tage statt, wenn nicht mehr Sitzungen erforderlich sind. (5) Den Rat berufen die neun Archonten ein. Die Ergebnisse der Abstimmungen stellen fünf erloste Ratsmitglieder fest, von denen an jedem Sitzungstag einer zum Abstimmungsleiter erlost wird. Die fünf Männer legen durch das Los auch die Reihenfolge derer fest, die sich an den Rat wenden wollen, wobei zuerst Angelegenheiten der Kulte, an zweiter Stelle solche der Herolde, an dritter solche der Gesandtschaften und an vierter Stelle die übrigen Angelegenheiten behandelt werden. Über Kriegsfragen, die die Strategen vor den Rat bringen, soll man, wenn es nötig ist, ohne Losziehung verhandeln. (6) Wer von den Ratsmitgliedern zur festgesetzten Zeit nicht ins Buleuterion geht, schuldet der Staatskasse eine Drachme für jeden versäumten Tag, sofern er nicht für sein Fernbleiben die Erlaubnis des Rates eingeholt hat.«

31. Diese Verfassung also entwarfen sie für die Zukunft, für die Gegenwart aber die folgende: Den Rat bilden gemäß der Tradition vierhundert Männer, vierzig aus jeder Phyle; sie werden aus Vorgewählten genommen, die die Phylenmitglieder aus den über Dreißigjährigen wählen. Die Ratsmitglieder setzen die Amtsträger ein, legen den Eid fest, der jeweils geleistet werden muß, und verfahren bezüglich der Gesetze, der Rechenschaftslegungen und der übrigen Angelegenheiten, wie sie es für nützlich halten. (2) Man soll die Gesetze, die über die Staatsordnung erlassen werden, befolgen; sie zu ändern oder andere zu erlassen, ist nicht erlaubt.

Die Wahl der Strategen erfolgt jetzt aus der Gesamtzahl der Fünftausend; aber wenn der Rat eingesetzt ist, soll er eine Musterung der Bürger in Waffen vornehmen und dabei zehn Männer (zu Strategen) wählen sowie einen Sekretär für sie; die Gewählten sollen im kommenden Jahr mit unbeschränkten Vollmachten amtieren und, wenn sie etwas benötigen, mit dem Rat zusammen beraten. (3) Man soll auch einen Hipparchen und zehn Phylarchen wählen; in der Zukunft aber soll der Rat in der dargelegten Weise deren Wahl vornehmen. Was die übrigen Ämter, außer dem Rat und den Strategen, betrifft, so soll es weder diesen noch sonst jemandem erlaubt sein, dasselbe Amt mehr als einmal zu bekleiden. Damit in der Zukunft die Vierhundert auf die vier erlosten Abteilungen aufgeteilt werden, sollen die hundert Männer sie aufteilen, sobald sie mit dem Rest (der Fünftausend) zusammen beratschlagen können.

32. Die von den Fünftausend gewählten Hundert entwarfen also diese Verfassung. Nachdem ihre Vorschläge von der Menge angenommen waren – Aristomachos leitete die Abstimmung –, wurde der Rat, der im Jahr des Kallias (412/411) amtierte, noch vor dem Ende seiner Amtszeit, am vierzehnten des Monats Thargelion, aufgelöst, und die Vierhundert traten am zweiundzwanzigsten Thargelion ihr Amt an. Der durch das Bohnenlos erloste Rat hätte sein Amt am vierzehnten Skirophorion antreten müssen. (2) Die Oligarchie wurde also auf diese Weise unter dem Archonten Kallias (412/411) errichtet, ungefähr hundert Jahre nach der Vertreibung der Tyrannen; die Hauptverantwortlichen dafür waren Peisandros, Antiphon und Theramenes, Männer von vornehmer Herkunft, die anerkanntermaßen durch Intelligenz und Urteilsfähigkeit hervorstachen. (3) Unter dieser Verfassung wurden die Fünftausend lediglich nominell gewählt, während die Vierhundert zusammen mit den zehn (Strategen), die unbeschränkte Vollmachten hatten, ins Buleuterion einzogen und die Polis regierten. Sie schickten Gesandte zu den Spartanern, um den Krieg zu beenden unter der Bedingung, daß beide Seiten ihren jeweiligen Besitz

behielten. Als aber jene nicht darauf eingingen, es sei denn, Athen verzichtete auch auf die Seeherrschaft, gaben sie den Versuch wieder auf.

33. Vier Monate ungefähr dauerte die Herrschaft der Vierhundert, und Mnasilochos aus ihren Reihen war für zwei Monate Archon im Archontenjahr des Theopompos (411/410), der die übrigen zehn Monate amtierte. Als die Athener aber in der Seeschlacht bei Eretria unterlagen und ganz Euböa außer Oreos abfiel, ertrugen sie dieses Unglück schwerer als die vorhergegangenen Ereignisse, denn von Euböa hatten sie größeren Nutzen als von Attika; sie setzten daher die Vierhundert ab und übergaben die Staatsangelegenheiten den fünftausend Schwerbewaffneten; zugleich stimmten sie für den Beschluß, kein Amt mehr zu bezahlen. (2) Verantwortlich für die Absetzung waren hauptsächlich Aristokrates und Theramenes, denen mißfiel, was unter den Vierhundert geschah; denn diese führten alles selbst durch und legten nichts den Fünftausend vor. Nach allgemeiner Ansicht wurden die Athener gut regiert in dieser Zeit, in der Krieg herrschte und die Verfassung auf den Schwerbewaffneten ruhte.

Die Herrschaft der Dreißig (Kap. 34–40)

34. Diesen Vierhundert also entzog das Volk schnell die Kontrolle über den Staat. Im siebten Jahr nach der Absetzung der Vierhundert, unter dem Archonten Kallias aus Angele (406/405), kam es nach der Seeschlacht bei den Arginusen zunächst dazu, daß die zehn Strategen, die die Schlacht gewonnen hatten, alle zusammen in einer einzigen Abstimmung verurteilt wurden, obwohl einige an der Schlacht überhaupt nicht teilgenommen hatten und andere nach dem Verlust ihres eigenen von anderen Schiffen gerettet worden waren; das Volk wurde nämlich von Leuten, die es aufhetzten, irregeführt. Als dann die Spartaner aus Dekeleia abziehen und unter der Bedingung Frieden

schließen wollten, daß beide Seiten ihren Besitz behielten, setzten sich zwar einige dafür ein, aber die Menge hörte nicht auf sie, sondern ließ sich von Kleophon irreführen, der das Zustandekommen des Friedens verhinderte, indem er betrunken und mit angelegtem Brustpanzer in die Volksversammlung kam und sagte, er werde den Friedensschluß nicht zulassen, es sei denn, die Spartaner gäben alle von ihnen beherrschten Poleis auf. (2) Die Athener verfolgten damals ihre Interessen schlecht, sahen den Fehler aber nach kurzer Zeit ein. Denn im folgenden Jahr, unter dem Archonten Alexias (405/404), verloren sie die Seeschlacht bei Aigospotamoi; als Folge davon wurde Lysander Herr der Stadt und setzte die Dreißig auf folgende Weise ein. (3) Nachdem sie unter der Bedingung Frieden erhalten hatten, daß sie sich nach der althergebrachten Staatsordnung (*pátrios politeía*) richteten, versuchten die volksfreundlich Gesonnenen, die Macht des Volkes zu erhalten; diejenigen von den Vornehmen, die den politischen Bünden (*hetaireíai*) angehörten, und die Flüchtlinge, die nach dem Frieden zurückgekehrt waren, strebten eine Oligarchie an; die Vornehmen jedoch, die nicht in einer Hetairie zusammengeschlossen waren, aber sonst den Ruf hatten, keinem anderen Bürger nachzustehen, suchten die althergebrachte Staatsordnung zu verwirklichen. Zu ihnen gehörten Archinos, Anytos, Kleitophon, Phormisios und viele andere, vor allem aber stand Theramenes an ihrer Spitze. Da sich Lysander auf die Seite derer stellte, die die Oligarchie befürworteten, war das eingeschüchterte Volk gezwungen, für die Oligarchie zu stimmen; den Antrag brachte Drakontides aus Aphidna ein.

35. Die Dreißig wurden also auf diese Weise unter dem Archonten Pythodoros (404/403) eingesetzt. Nachdem sie Herren der Stadt geworden waren, mißachteten sie alle anderen Beschlüsse über die Verfassung, setzten aber fünfhundert Ratsmitglieder sowie die anderen Amtsträger aus tausend Vorgewählten ein; außerdem wählten sie zu ihrer Unterstützung zehn Archonten für den Piräus, elf Gefäng-

nisaufseher und dreihundert mit Peitschen bewaffnete Gehilfen und hielten so die Polis unter ihrer Kontrolle. (2) Zunächst nun waren sie den Bürgern gegenüber maßvoll und gaben vor, die althergebrachte Staatsordnung (*pátrios politeía*) vor Augen zu haben; die Gesetze des Ephialtes und des Archestratos über die Areopagiten entfernten sie vom Areshügel; die Gesetze Solons, soweit sie Widersprüchlichkeiten enthielten, und die Machtbefugnis, die bei den Richtern lag, hoben sie auf, um die Verfassung zu verbessern und unmißverständlich zu machen. So verschafften sie beispielsweise der Bestimmung, nach der man sein Eigentum an jeden Beliebigen vererben konnte, dadurch uneingeschränkte Geltung, daß sie die eingefügten Schwierigkeiten: »außer jemand ist verrückt oder altersschwachsinnig oder von einer Frau beeinflußt«, beseitigten, damit den Sykophanten kein Ansatzpunkt mehr geboten werde. Ähnlich wie hier verfuhren sie auch bei den anderen Regelungen. (3) Am Anfang also trafen sie diese Maßnahmen; sie beseitigten auch die Sykophanten und diejenigen, die nach der Gunst des Volkes trachteten, ohne auf sein Bestes zu achten, und Verbrecher und Gesindel waren; darüber war die Polis erfreut, da man glaubte, sie handelten zum allgemeinen Besten. (4) Als sie aber die Polis sicherer beherrschten, schonten sie keinen Bürger mehr, sondern töteten die, welche aufgrund ihres Vermögens, ihrer Herkunft oder ihres Ansehens hervorstachen; damit befreiten sie sich von ihrer Furcht, und auch das Vermögen der Getöteten wollten sie an sich bringen; und innerhalb von kurzer Zeit töteten sie nicht weniger als 1500 Menschen.

36. Als die Polis einen solchen Niedergang erlebte, forderte Theramenes, der sich über die Vorgänge empörte, die Dreißig immer wieder auf, sie sollten ihrer Gewalttätigkeit ein Ende setzen und die besten Bürger an der Regierung beteiligen. Diese wehrten sich anfänglich dagegen; als aber seine Gedanken bei der Menge Verbreitung fanden und sich die Masse dem Theramenes zuzuneigen begann, da fürchteten sie, er würde Anführer des Volkes werden und ihre Cli-

quenherrschaft stürzen; sie stellten daher eine Liste von dreitausend Bürgern zusammen, angeblich um sie an der Staatsführung zu beteiligen. (2) Theramenes jedoch wandte sich auch gegen diese Maßnahme, zuerst, weil sie, wenn sie schon die besseren Bürger beteiligen wollten, lediglich dreitausend beteiligten, als ob die Tüchtigkeit auf diese Anzahl begrenzt sei; sodann, weil sie zwei völlig entgegengesetzte Dinge täten, indem sie eine Gewaltherrschaft errichteten, die schwächer als die Beherrschten sei. Jene aber mißachteten diese Mahnungen, zögerten die Veröffentlichung der Liste der Dreitausend lange hinaus und behielten für sich, wen sie ausgewählt hatten; sooft sie sich aber entschlossen, die Namen bekanntzugeben, strichen sie einige der Eingetragenen aus und fügten an deren Stelle andere ein, die noch nicht dazugehört hatten.

37. Der Winter hatte schon begonnen, als Thrasybulos zusammen mit den ins Exil Gegangenen Phyle einnahm. Da die Dreißig mit dem Heer, das sie dorthin führten, schmachvoll wieder abziehen mußten, beschlossen sie, den übrigen Bürgern die Waffen wegzunehmen und Theramenes auf folgende Weise zu beseitigen. Sie brachten zwei Gesetze in den Rat ein und befahlen den Ratsmitgliedern, dafür zu stimmen. Das eine Gesetz verlieh den Dreißig die Vollmacht, die Bürger zu töten, die nicht auf der Liste der Dreitausend aufgeführt waren; das andere schloß vom Bürgerrecht im gegenwärtigen Staatswesen diejenigen aus, die daran beteiligt gewesen waren, die Mauer in Eetioneia niederzureißen, oder die etwas gegen die Vierhundert unternommen hatten, die die frühere Oligarchie errichtet hatten. Zu beiden Personenkreisen gehörte Theramenes, so daß er folglich, nachdem die Gesetze in Kraft getreten waren, außerhalb der Bürgerschaft stand und die Dreißig ermächtigt waren, ihn zu töten. (2) Nach der Beseitigung des Theramenes nahmen sie allen außer den Dreitausend die Waffen weg und gaben sich im übrigen zunehmend ihrer Grausamkeit und Niederträchtigkeit hin. Sie schickten auch Gesandte nach Sparta, um über Theramenes Klage zu führen und

Hilfe für sich zu erbitten; die Spartaner hörten auf sie und schickten Kallibios als Garnisonsbefehlshaber (*harmostés*) und etwa siebenhundert Soldaten, die nach ihrer Ankunft die Akropolis besetzten.

38. Danach nahmen diejenigen, die Phyle besetzt hielten, Munichia ein und besiegten in einer Schlacht die Gefolgsleute der Dreißig. Nach dem Gefecht zogen sich die aus der Stadt Ausgerückten zurück, versammelten sich am nächsten Tag auf der Agora und setzten die Dreißig ab; sie wählte zehn Bürger, die sie bevollmächtigten, den Krieg zu beenden. Als diese ihr Amt übernommen hatten, führten sie nicht aus, wozu sie gewählt worden waren, sondern schickten nach Sparta, um Hilfe zu erbitten und Geld zu leihen. (2) Als die zur Bürgerschaft Gehörigen darüber verärgert waren, ließen sie aus Furcht, ihre Herrschaft zu verlieren, und in der Absicht, die anderen einzuschüchtern, was auch gelang, den Demaretos, der keinem anderen Bürger an Ansehen nachstand, verhaften und töten. Sie hatten nun den Staat sicher unter Kontrolle, wobei Kallibios und die anwesenden Peloponnesier sowie außerdem einige von den Hippeis sie unterstützten; manche von diesen waren nämlich am meisten von allen Bürgern darum bemüht, die Rückkehr derer aus Phyle zu verhindern. (3) Als dann diejenigen, die Piräus und Munichia besetzt hielten und zu denen das ganze Volk überlief, im Krieg siegreich blieben, setzte man die Zehn ab, die man zuerst gewählt hatte, und wählte zehn andere, die man für die besten hielt. In ihrer Amtszeit und mit ihrer bereitwilligen Unterstützung kam es zur Aussöhnung und zur Rückkehr des Volkes. An ihrer Spitze standen hauptsächlich Rhinon aus Paiania und Phayllos aus Acherdus; diese schickten schon vor der Ankunft des Pausanias Botschaften zu denen in Piräus und bemühten sich nach seiner Ankunft um deren Rückkehr. (4) Zum Abschluß brachte den Frieden und die Aussöhnung nämlich der Spartanerkönig Pausanias zusammen mit zehn Schlichtern, die auf sein Betreiben hin später aus Sparta nachkamen. Rhinon und seine Amtskollegen wurden wegen ihrer volksfreundlichen Haltung (in einem

71

Volksbeschluß) belobigt; obwohl sie ihre Aufgabe in der Oligarchie übernommen hatten, legten sie in der Demokratie darüber Rechenschaft ab, und niemand erhob gegen sie Klage, weder jemand von denen, die in der Stadt geblieben, noch jemand von denen, die aus Piräus zurückgekehrt waren; im Gegenteil wurde Rhinon eben deswegen sofort zum Strategen gewählt.

39. Die Aussöhnung erfolgte unter dem Archonten Eukleides (403/402) auf der Grundlage folgender Vereinbarungen: »Diejenigen von den Athenern, die in der Stadt geblieben sind und auswandern wollen, sollen Eleusis besiedeln; sie sollen ihr Bürgerrecht behalten, uneingeschränktes Selbstbestimmungsrecht genießen und Einkünfte aus ihrem Besitz ziehen können. (2) Das Heiligtum (in Eleusis) ist beiden Teilen gemeinsam, verwalten sollen es nach herkömmlichem Brauch die Kerykes und die Eumolpidai. Es ist nicht erlaubt, daß die Bewohner von Eleusis in die Stadt (Athen) gehen, und auch nicht, daß die aus der Stadt nach Eleusis gehen, es sei denn, sie tun das jeweils während der Mysterien. Die in Eleusis müssen genauso wie die übrigen Athener von ihren Einkünften Beiträge in die Bundeskasse bezahlen. (3) Wenn jemand von denen, die wegziehen, in Eleusis ein Haus beziehen will, soll er sich mit dem Besitzer einigen. Wenn sie aber nicht übereinkommen, soll jeder von beiden drei Schätzer bestimmen; der Besitzer erhält den von diesen festgesetzten Preis. Die Eleusinier, die von den neuen Siedlern akzeptiert werden, können mit diesen zusammen dort wohnen bleiben. (4) Die Einschreibung der Auswanderungswilligen muß, sofern sie jetzt im Lande sind, innerhalb von zehn Tagen erfolgen, von dem Tag an gerechnet, an dem sie den Aussöhnungseid ablegen; auswandern müssen sie innerhalb von zwanzig Tagen. Für die, die jetzt außer Landes sind, gilt, wenn sie zurückkehren, das gleiche Verfahren. (5) Wer in Eleusis wohnt, darf kein Amt der Stadt übernehmen, bevor er sich nicht wieder als Bewohner der Stadt registrieren läßt. Die Mordprozesse finden in der herkömmlichen Weise statt, wenn jemand ei-

genhändig einen anderen getötet oder verletzt hat.[4] (6) Wegen des Vergangenen darf niemand andere zur Verantwortung ziehen außer die Dreißig, die Zehn, die Elf und die Archonten von Piräus; aber auch diese darf man nicht verfolgen, falls sie Rechenschaft (*euthýnai*) ablegen. Rechenschaft ablegen sollen die Archonten von Piräus vor den Einwohnern von Piräus, die Amtsträger in der Stadt vor denen, die steuerpflichtigen Besitz nachweisen können.[5] Danach können sie, wenn sie wollen, gleichermaßen auswandern. Die Gelder, die sie für die Kriegführung geliehen haben, haben beide Seiten getrennt zurückzuzahlen.«

40. Nachdem die Aussöhnung solchermaßen zustande gekommen war, waren die, die auf der Seite der Dreißig gekämpft hatten, in Furcht, und viele planten auszuwandern. Aber wie es alle Menschen zu tun pflegen, verschoben sie ihre Einschreibung auf die letzten Tage der Frist. Da kürzte Archinos, der ihre große Anzahl bemerkte und sie zurückhalten wollte, die Einschreibungsfrist um die noch ausstehenden Tage und zwang dadurch viele zum Bleiben; obwohl das gegen ihren Willen geschah, schöpften sie dann doch Zuversicht. (2) Archinos hat nach allgemeiner Ansicht sowohl in diesem Fall politisch gut gehandelt als auch später, als er den Thrasybulos wegen gesetzwidriger Antragstellung (*graphé paranómon*) verklagte; jener hatte nämlich beantragt, allen, die aus Piräus zurückgekehrt waren, das Bürgerrecht zu verleihen; von diesen waren einige offensichtlich Sklaven; und drittens handelte Archinos gut, als er einen der Zurückgekehrten, der damit begann, die Amnestie zu mißachten, dem Rat vorführte und das Gremium dafür gewann, ihn ohne Gerichtsverfahren hinzurichten, indem er sagte, sie könnten jetzt zeigen, ob sie die Demokratie retten und ihren Eiden treu bleiben wollten; denn wenn sie diesen freiließen, würden sie auch die anderen zu Glei-

4 Die Übersetzung weicht hier von Chambers' Text ab und folgt Kaibel/Wilamowitz.
5 Die Übersetzung übernimmt hier eine von Kenyon vorgeschlagene und von Chambers akzeptierte Einfügung nicht.

chem ermutigen, wenn sie ihn aber beseitigten, für alle ein Exempel statuieren. Und genauso kam es. Denn nachdem der Mann getötet worden war, brach später niemand mehr die Amnestie. Vielmehr gingen die Athener nach allgemeiner Ansicht in der denkbar besten und politisch einsichtsvollsten Weise mit den zurückliegenden Schicksalsschlägen um, im privaten wie im öffentlichen Bereich. (3) Sie tilgten nämlich nicht nur die Klageerhebungen wegen früherer Taten, sondern zahlten auch die Gelder, die die Dreißig von den Spartanern für die Kriegführung geliehen hatten, gemeinsam zurück, obwohl der Vertrag bestimmte, daß jede der beiden Seiten, die aus der Stadt und die aus Piräus, getrennt für die jeweiligen Schulden aufzukommen habe; denn sie glaubten, daß das der erste Schritt zur Wiederherstellung der Eintracht sein müsse. Wenn hingegen in anderen Poleis das Volk die Macht erringt, führt es, weit davon entfernt, noch etwas aus seinem Besitz dazuzulegen, auch noch eine Neuverteilung des Landes durch. (4) Sie söhnten sich dann sogar mit den in Eleusis Wohnenden aus, und zwar im dritten Jahr nach deren Auswanderung, unter dem Archonten Xenainetos (401/400).

Zusammenfassung des ersten Teils (Kap. 41)

41. Das geschah also erst in der folgenden Zeit; danach aber, als das Volk Herr über die Staatsangelegenheiten wurde, richtete es, unter dem Archonten Pythodoros (404/403), die jetzt bestehende Staatsordnung ein; denn es schien gerechtfertigt, daß das Volk die Staatsverwaltung übernahm, weil es seine Rückkehr aus eigener Kraft erreicht hatte. (2) Der Zahl nach war es die elfte Verfassungsänderung. Denn die erste Änderung der ursprünglichen Zustände fand statt, als sich Ion und sein Gefolge ansiedelten; danach nämlich wurden die Athener zum ersten Mal in die vier Phylen eingeteilt und setzten die Phylobasileis ein. Eine zweite Änderung, die als erste nach dieser die Form einer

Verfassung hatte, wurde unter Theseus vorgenommen und wich nur geringfügig von der monarchischen Verfassung ab. Nach dieser kam die Neuordnung unter Drakon, in der auch zum erstenmal Gesetze aufgezeichnet wurden. Die dritte, die nach dem Bürgerkrieg erfolgte, war die unter Solon, von der die Demokratie ihren Ausgang nahm. Viertens die Tyrannis unter Peisistratos. Als fünfte Änderung erfolgte, nach dem Sturz der Tyrannen, die Neuordnung des Kleisthenes, die volksfreundlicher war als die Solons. Die sechste war die nach den Perserkriegen, als der Rat vom Areopag die Staatsführung übernahm. Die siebte, darauf folgende, war die, die Aristeides auf den Weg brachte und die Ephialtes vollendete, indem er den Rat der Areopagiten stürzte; unter dieser Verfassung ließ sich die Polis durch die Demagogen und wegen ihrer Seeherrschaft zu den größten Fehlern hinreißen. Achtens die Einsetzung der Vierhundert, und danach, als neunte Änderung, die Wiederherstellung der Demokratie. Die zehnte war die Tyrannis der Dreißig und der Zehn. Die elfte erfolgte nach der Rückkehr aus Phyle und Piräus; diese Verfassung ist von diesem Zeitpunkt an bis zur Gegenwart in Kraft geblieben und hat die Macht der Menge beständig erweitert. Denn das Volk hat sich selbst zum Herrn über alles gemacht und verwaltet alles durch Volksbeschlüsse (*psēphísmata*) und Gerichte, in denen das Volk die Macht hat. Sogar die Gerichtsbarkeit des Rates wurde auf das Volk übertragen. Und darin handeln die Athener nach allgemeiner Ansicht richtig; denn die Wenigen sind durch Geld und Gefälligkeiten leichter zu bestechen als die Vielen. (3) Zuerst lehnte man es ab, für die Teilnahme an der Volksversammlung eine Bezahlung zu gewähren. Als aber die Bürger sich zu den Versammlungen nicht einfanden und die Prytanen sich viele verschiedene Mittel ausdenken mußten, damit die für eine gültige Abstimmung genügende Anzahl zusammenkam, führte zunächst Agyrrhios einen Obolos als Tagegeld ein, nach ihm Herakleides aus Klazomenai, den man Basileus nannte, zwei Obolen, dann wieder Agyrrhios drei Obolen.

Die Staatsbürger (Kap. 42)

42. Die jetzige Staatsordnung sieht folgendermaßen aus. An der Staatsverwaltung haben diejenigen Anteil, deren Eltern beide Bürger sind; sie werden, wenn sie achtzehn Jahre alt geworden sind, in die Liste der Demenmitglieder eingetragen. Wenn sie eingetragen werden, stimmen die Demenmitglieder unter Eid über sie ab, und zwar zunächst darüber, ob die Kandidaten das vom Gesetz vorgeschriebene Alter erreicht zu haben scheinen; wenn sie es nicht zu haben scheinen, kehren die Kandidaten wieder zu den Knaben zurück. Zum zweiten stimmen sie darüber ab, ob ein Kandidat frei ist und ob seine Herkunft den Gesetzen entspricht. Wenn sie dann einen Kandidaten, weil er nicht frei ist, ablehnen, so kann er die Überweisung seines Falls an ein Gericht verlangen, und die Demenmitglieder wählen aus ihren Reihen fünf Männer als Ankläger; und wenn entschieden wird, seine Eintragung sei unrechtmäßig, so verkauft ihn die Polis; wenn er aber siegt, so sind die Demenmitglieder verpflichtet, ihn einzutragen. (2) Danach überprüft der Rat die Eingetragenen, und wenn entschieden wird, daß einer von ihnen jünger als achtzehn Jahre alt sei, so bestraft der Rat die Demenmitglieder, die jenen eingetragen haben. Nach der Überprüfung der Epheben versammeln sich deren Väter phylenweise und wählen unter Eid drei der über vierzigjährigen Phylenmitglieder, die sie für die besten und geeignetsten zur Betreuung der Epheben halten; aus diesen wählt das Volk je einen aus jeder Phyle als Betreuer (*sophronistés*) und aus allen anderen Athenern einen Leiter (*kosmétés*) für alle Epheben. (3) Diese versammeln nun die Epheben und gehen mit ihnen zuerst durch die Heiligtümer; dann marschieren die Epheben nach Piräus und leisten dort Wachdienste, die einen in Munichia, die anderen in Akte. Das Volk wählt für sie auch zwei Trainer sowie Ausbilder, die sie im Kampf mit schweren Waffen, im Bogenschießen, Speerwerfen und im Katapultschießen unterweisen. Man zahlt den Betreuern (*sophronistaí*) je

76

eine Drachme für den Unterhalt, den Epheben je vier Obolen. Das Geld nimmt jeder Sophronistes für die Mitglieder seiner Phyle in Empfang und kauft die Lebensmittel für alle gemeinsam, denn sie speisen phylenweise zusammen; er kümmert sich auch um alle übrigen Angelegenheiten. (4) Ihr erstes Jahr verbringen sie also auf diese Weise. Im zweiten Jahr findet eine Volksversammlung im Theater statt, in der die Epheben dem Volk Exerzierübungen vorführen und vom Staat Schild und Lanze erhalten. Anschließend leisten sie Patrouillendienst an den Landesgrenzen und halten sich in den Festungen auf. (5) Während ihres zweijährigen Wachdienstes tragen sie kurze Mäntel und sind von allen Abgaben befreit. Sie können weder verklagt werden noch selbst klagen, damit kein Vorwand zum Verlassen des Dienstes besteht, außer wenn es um eine Erbschaft oder eine Erbtochter geht oder wenn jemandem in der Tradition seines Genos ein Priesteramt zufällt. Nach Ablauf der zwei Jahre gehören sie endlich zu den anderen Bürgern.

Erloste und gewählte Amtsträger (Kap. 43–62)

43. Dieser Art also sind die Regelungen über die Eintragung der Bürger und über die Epheben. Alle Amtsträger für den Bereich der Zivilverwaltung erlosen die Athener, mit Ausnahme des Schatzmeisters (*tamías*) der Kriegskasse, der Verwalter des Theaterfonds und des Aufsehers über die Brunnen. Diese wählen sie, und die Gewählten amtieren von einem Panathenäenfest bis zum nächsten. Sie wählen auch alle mit militärischen Aufgaben betrauten Amtsträger.

Der Rat (Kap. 43,2–49)

(2) Für den Rat werden fünfhundert Mitglieder erlost, fünfzig aus jeder Phyle. Die Prytanie übernimmt jede der Phylen in der Reihenfolge, die durch das Los bestimmt wird;

die ersten vier Phylen amtieren jeweils sechsunddreißig Tage, die späteren sechs je fünfunddreißig Tage; denn die Athener rechnen nach dem Mondjahr. (3) Die Ratsmitglieder, die jeweils Prytanen sind, speisen erstens gemeinsam in der Tholos, wozu sie Geld vom Staat erhalten; dann berufen sie sowohl den Rat als auch das Volk ein, den Rat täglich, außer an den sitzungsfreien Tagen, das Volk viermal in jeder Prytanie. Sie legen im voraus fest, womit sich der Rat befassen muß, welches die jeweilige Tagesordnung ist und wo die Sitzung stattfindet. (4) Ebenso legen sie die Volksversammlungen fest: eine Hauptversammlung, in der man die Amtsträger durch Abstimmung in ihrem Amt bestätigt, sofern ihre Amtsführung gebilligt wird; befassen muß sich diese Versammlung auch mit der Getreideversorgung sowie mit der Sicherheit des Landes; auch kann an diesem Tag jeder, der will, eine politische Anklage (*eisangelía*) erheben; außerdem müssen die Verzeichnisse der Güter, die vom Staat konfisziert werden, sowie die eingereichten Ansprüche auf Erbschaften und Erbtöchter verlesen werden, damit verwaistes Eigentum niemandem verborgen bleibe. (5) In der sechsten Prytanie lassen die Prytanen zusätzlich zu den genannten Tagesordnungspunkten noch darüber abstimmen, ob das Scherbengericht stattfinden soll oder nicht; außerdem lassen sie Prozesse (*probolaí*) gegen Sykophanten zu, und zwar gegen Athener und gegen Metöken jeweils höchstens drei, und ebensolche Prozesse, die gegen jemanden angestrengt werden, der dem Volk gegebene Versprechungen nicht eingehalten hat. (6) Die zweite Volksversammlung widmen sie den Bittgesuchen; in ihr darf jeder, der will, ein Bittgesuch für ein beliebiges Anliegen stellen, sei es privat oder öffentlich, und es dem Volk auseinandersetzen. Die beiden verbleibenden Versammlungen befassen sich mit den übrigen Angelegenheiten; in ihnen, so schreiben es die Gesetze vor, soll man drei kultische, drei Herolde und Gesandtschaften betreffende und drei profane Angelegenheiten behandeln. Man verhandelt verschiedentlich auch ohne Vorabstimmung. Die Herolde und die Gesandten wenden sich aber zunächst an die Prytanen, und ihnen übergeben sie die Briefe, wenn sie welche mit sich führen.

44. Es gibt einen Vorsitzenden der Prytanen, der durch das Los bestimmt wird. Dieser führt den Vorsitz für eine Nacht und für einen Tag und darf diese Aufgabe nicht länger und nicht zweimal wahrnehmen. Er verwahrt die Schlüssel der Heiligtümer, in denen sich die Gelder und die Urkunden der Polis befinden, sowie das Staatssiegel. Er und eine von ihm dazu bestimmte Trittys der Prytanen sind dazu verpflichtet, in der Tholos zu bleiben. (2) Wenn die Prytanen den Rat oder das Volk einberufen, erlost ihr Vorsitzender neun Prohedroi, einen aus jeder Phyle außer aus der, die gerade die Prytanen stellt, und aus diesen wieder einen Vorsitzenden, und übergibt ihnen die Tagesordnung. (3) Diese übernehmen sie und sorgen für einen geregelten Ablauf der Versammlung. Sie rufen die Tagesordnungspunkte auf, die behandelt werden müssen, legen die Abstimmungsergebnisse fest, nehmen auch sonst alles in die Hand und sind befugt, die Versammlung aufzulösen. Während man den Vorsitz der Prohedroi nicht mehr als einmal im Jahr übernehmen darf, darf man einmal in jeder Prytanie als einer der Prohedroi fungieren. (4) Die Prytanen führen außerdem die Wahlen der Strategen, der Hipparchen und der anderen mit militärischen Aufgaben betrauten Amtsträger in der Volksversammlung durch, so wie es das Volk beschließt. Die Wahlen werden nach der sechsten Prytanie von den Prytanen durchgeführt, in deren Amtszeit ein günstiges Vorzeichen erscheint. Aber auch über diese Angelegenheiten ist eine Vorlage des Rates nötig.

45. Der Rat war früher befugt, Geldstrafen zu verhängen und Verhaftungen und Hinrichtungen zu beschließen. (...)[6] Als er aber Lysimachos zum Henker hatte abführen lassen, rettete diesen, während er schon auf seine Hinrichtung wartend dasaß, Eumelides aus Alopeke, der erklärte, kein Bürger dürfe ohne Gerichtsurteil hingerichtet werden. In

6 Von einigen Herausgebern wird hier eine Auslassung angenommen.

dem daraufhin durchgeführten Gerichtsverfahren wurde Lysimachos freigesprochen und erhielt den Beinamen »der vom Block (*týpanon*)«. Das Volk aber entzog dem Rat die Befugnis, Hinrichtungen und Verhaftungen zu beschließen und Geldstrafen zu verhängen und erließ folgendes Gesetz: »Wenn der Rat jemanden wegen eines Unrechts verurteilt oder bestraft, sollen die Thesmotheten die Verurteilungen und die Strafen dem Gericht vorlegen, und wofür die Richter stimmen, das soll rechtskräftig sein.«

(2) Der Rat beurteilt auch die meisten Amtsträger, insbesondere die, die Gelder verwalten; sein Urteil ist aber nicht endgültig, sondern muß an das Gericht überwiesen werden. Es ist aber auch den Privatleuten gestattet, jeden beliebigen Amtsträger wegen Mißachtung der Gesetze zu verklagen (*eisangéllein*); aber auch diese Fälle werden, wenn der Rat zu einer Verurteilung kommt, an das Gericht überwiesen.

(3) Der Rat führt auch die Prüfung (*dokimasía*) der für das folgende Jahr vorgesehenen Ratsmitglieder und der neun Archonten durch. Früher war er befugt, Kandidaten endgültig abzulehnen, jetzt werden diese Fälle an das Gericht überwiesen.

(4) In diesen Fällen ist also der Rat nicht zu einer endgültigen Entscheidung befugt. Er hält Vorberatungen für die Volksversammlung ab, und es ist dem Volk nicht gestattet, über etwas abzustimmen, das nicht vorher dort beraten oder von den Prytanen auf die Tagesordnung gesetzt wurde; demgemäß kann gegen einen erfolgreichen Antragsteller, der diese Bedingungen mißachtet, eine Klage wegen gesetzwidriger Antragstellung (*graphḗ paranómon*) erhoben werden.

46. Zuständig ist der Rat auch für die bereits gebauten Trieren sowie für die Schiffsausrüstungen und die Schiffshäuser; er läßt ferner neue Trieren oder Tetreren je nach Beschluß des Volkes bauen und läßt diese Schiffe ausrüsten und Schiffshäuser für sie errichten. Die Schiffsbaumeister wählt aber das Volk. Wenn die Ratsmitglieder diese Arbeiten dem neuen Rat nicht in abgeschlossenem Zustand über-

geben, dürfen sie ihre Ehrengabe nicht erhalten; denn diese erhalten sie erst unter dem folgenden Rat. Für den Bau der Trieren wählt der Rat zehn Männer aus seinen Mitgliedern als Schiffsbauaufseher (*triēropoioí*). (2) Er überprüft auch alle öffentlichen Gebäude; und wenn er jemanden eines Unrechts für schuldig hält, teilt er das dem Volk mit und übergibt ihn, wenn er ihn schuldig spricht, einem Gericht.

47. Bei der Verwaltung der meisten Staatsangelegenheiten arbeitet der Rat mit den anderen Amtsträgern zusammen. Und zwar sind da zunächst die zehn Schatzmeister (*tamíai*) der Athena, von denen aus jeder Phyle einer, nach Solons Gesetz nur aus den Pentakosiomedimnoi, erlost wird; das Gesetz ist nämlich noch in Kraft. Wer erlost wird, übt das Amt aus, auch wenn er sehr arm ist. Diese Tamiai übernehmen (von ihren Vorgängern) in Anwesenheit des Rates die Statue der Athena, die Nike-Statuen, die übrigen Weihegeschenke und die Gelder des Heiligtums. (2) Sodann gibt es die zehn Poleten, von denen je einer aus jeder Phyle erlost wird. Sie vergeben alle Pachtverträge und Staatsaufträge; die Minen verpachten sie ebenso wie die Abgabeneinziehung zusammen mit dem Tamias der Kriegskasse und den für den Theaterfonds Gewählten in Anwesenheit des Rates. Sie schließen mit denen, die der Rat durch Abstimmung auswählt, bindende Pachtverträge für die Minen ab, sowohl für die in Betrieb befindlichen, die auf drei Jahre verpachtet werden, als auch für die erst wieder in Betrieb zu nehmenden, die auf sieben (oder drei?) Jahre verpachtet werden. Sie verkaufen auch das konfiszierte Vermögen derer, die während eines Prozesses vor dem Areopag ins Exil gehen sowie der anderen (Verurteilten) in Anwesenheit des Rates; die neun Archonten aber machen den Verkauf rechtskräftig. Ferner übergeben sie dem Rat ein Verzeichnis der auf ein Jahr verpachteten Abgaben, wobei sie den Pächter und die Pachtsumme auf geweißte Tafeln schreiben. (3) Sie schreiben gesondert diejenigen auf zehn Tafeln auf, die eine Zahlung in jeder Prytanie leisten müssen, gesondert ferner diejenigen, die dreimal im Jahr zahlungspflichtig sind, wobei

sie für jede Zahlung eine Tafel anlegen, und wiederum gesondert diejenigen, die in der neunten Prytanie zahlen müssen. Sie verzeichnen auch die Grundstücke und Häuser, deren Konfiskation beantragt und deren Verkauf vom Gericht verfügt wurde; denn auch diese verkaufen die Poleten. Der Kaufpreis der Häuser muß innerhalb von fünf Jahren, der der Grundstücke innerhalb von zehn Jahren entrichtet werden; die Zahlungen dafür erfolgen in der neunten Prytanie. (4) Der Basileus verzeichnet die Verpachtungen von Land, welches zu den Heiligtümern gehört, auf geweißten Tafeln und legt sie dem Rat vor. Auch dafür beträgt die Pachtdauer zehn Jahre, und die Zahlungen erfolgen in der neunten Prytanie; deshalb wird in dieser Prytanie auch das meiste Geld eingenommen. (5) Die Tafeln, die gemäß den fälligen Zahlungen angelegt sind, werden also dem Rat vorgelegt; dafür sorgt der Staatssklave. Immer wenn Zahlungen fällig sind, nimmt er diejenigen Tafeln, auf denen die Geldbeträge festgehalten sind, die an diesem Tag bezahlt und abgewischt werden müssen, von der Ablage herunter und übergibt sie den Apodekten; die übrigen Tafeln aber bleiben getrennt davon liegen, damit sie nicht vorzeitig abgewischt werden.

48. Es gibt zehn Einnehmer (*apodéktai*), die phylenweise ausgelost werden. Diese nehmen die Tafeln entgegen, wischen – im Buleuterion in Anwesenheit des Rates – die entrichteten Beträge ab und geben dem Staatssklaven die Tafeln wieder zurück. Und wenn jemand seine Zahlung versäumt, bleibt er dort eingetragen und muß das Doppelte der nicht bezahlten Summe entrichten, oder er kann verhaftet werden; der Rat ist nach den Gesetzen dazu befugt, diese Gelder einzutreiben und Verhaftungen vorzunehmen. (2) Am ersten Tag eines Zahlungstermins nehmen die Apodekten alle Zahlungen entgegen und verteilen sie an die einzelnen Behörden; am folgenden Tag legen sie diese Verteilung, nachdem sie sie auf einer Tafel schriftlich festgehalten haben, dem Rat vor, verlesen sie im Buleuterion und stellen im Rat die Frage, ob jemand davon Kenntnis habe, daß ein Amtsträger oder ein Privatmann bei der Verteilung ein Un-

recht begangen habe; wenn jemand ein Unrecht begangen zu haben scheint, lassen sie über entsprechende Anträge abstimmen.

(3) Die Ratsmitglieder erlosen aus ihren Reihen auch zehn Logistai, die in jeder Prytanie die Rechnungsführung der Amtsträger prüfen sollen. (4) Sie erlosen auch Euthynoi, einen aus jeder Phyle, sowie zwei Beisitzer für jeden der Euthynoi; diese müssen jeweils ...[7] bei der Statue des eponymen Heroen jeder Phyle sitzen; und wenn jemand gegen einen Amtsträger, der vor Gericht Rechenschaft abgelegt hat, innerhalb von drei Tagen nach dessen Rechenschaftslegung eine Beschwerde privaten oder öffentlichen Charakters erheben will, dann schreibt er auf ein geweißtes Täfelchen seinen eigenen Namen, den Namen des Beklagten, das Vergehen, das er ihm zur Last legt, fügt das Strafmaß, das er für richtig hält, dazu und gibt es dem Euthynos. (5) Dieser nimmt es entgegen und liest es, und wenn er den Beklagten für schuldig hält, leitet er die Privatklagen an die Demenrichter weiter, die für die betroffene Phyle Recht sprechen; die öffentlichen Klagen gibt er schriftlich an die Thesmotheten. Wenn die Thesmotheten die Klage erhalten haben, bringen sie die Rechenschaftslegung wieder vor Gericht, und was die Richter entscheiden, das ist rechtskräftig.

49. Der Rat begutachtet auch die Pferde; kommt er zu dem Ergebnis, daß jemand, der ein gutes Pferd hat,[8] es schlecht behandelt, bestraft er ihn mit Entzug des Futterzuschusses. Den Pferden, die der Einheit nicht folgen können oder die nicht beherrschbar sind, läßt der Rat das Zeichen eines Rades auf den Kiefer brennen, und ein so gebrandmarktes Pferd ist ausgemustert. Der Rat beurteilt auch die Angehörigen der berittenen Vorhut (*pródromoi*) und stellt fest, welche er für die Aufgabe für geeignet hält; und wenn

---

7 Hier dürfte der Papyrus eine Zeitbestimmung enthalten haben, die nicht mit Sicherheit wiederherzustellen ist. Eine weitgehend akzeptierte Ergänzung Kenyons bedeutet: »an Markttagen«.

8 An dieser Stelle, an der Chambers einige Buchstaben nicht zu lesen vermag, folgt die Übersetzung der Lesung von Kaibel/Wilamowitz.

er einen abwählt, dann ist der betreffende aus dieser Einheit ausgeschieden. Er beurteilt ferner die mit der Reiterei kämpfenden leichten Fußsoldaten (*hámhippoi*), und wenn er einen abwählt, dann erhält der betreffende keinen Sold mehr. (2) Das Verzeichnis der Reiter erstellen zehn Männer, die vom Volk als Katalogeis gewählt werden. Sie übergeben das Verzeichnis den Hipparchen und Phylarchen. Diese nehmen es entgegen und legen es dem Rat vor; sie öffnen die versiegelte Tafel mit den Namen der Reiter und wischen die Namen derjenigen bereits Eingetragenen aus, die schwören, zum Reiterdienst körperlich nicht mehr fähig zu sein; dann rufen sie die neu Registrierten auf, und wenn einer von ihnen schwört, körperlich oder finanziell zum Reiterdienst nicht imstande zu sein, so entlassen sie ihn; über jeden aber, der diesen Schwur nicht ablegt, entscheiden die Ratsmitglieder, ob er zum Reiterdienst geeignet ist oder nicht; wenn sie ihn wählen, schreiben sie seinen Namen auf die Tafel; wenn nicht, entlassen sie auch diesen.

(3) Einst beurteilte der Rat sowohl die Entwürfe für das Gewand der Athena als auch dieses selbst; jetzt wird dafür ein Gericht ausgelost, denn man war der Ansicht, der Rat habe seine Entscheidung nach persönlicher Gunst getroffen. Auch sorgt der Rat zusammen mit dem Tamias der Kriegskasse für die Herstellung der Nike-Statuen und der Preise für die Panathenäen.

(4) Der Rat überprüft auch die Behinderten; denn es gibt ein Gesetz, welches bestimmt, daß man denen, die nicht mehr als drei Minen besitzen und so schwer körperbehindert sind, daß sie keine Arbeit verrichten können, nach Überprüfung durch den Rat aus öffentlichen Mitteln jeweils zwei Obolen pro Tag für ihren Lebensunterhalt geben soll.

Es gibt auch einen durch das Los bestimmten Schatzmeister (*tamías*) für sie (die Ratsmitglieder?).

(5) Der Rat arbeitet außerdem, allgemein gesprochen, bei der Verwaltung der meisten Staatsangelegenheiten mit den anderen Amtsträgern zusammen.

Jährlich erloste Amtsträger (Kap. 50–54)

50. Das sind also die vom Rat verwalteten Angelegenheiten. Durch das Los werden auch zehn für die Instandhaltung der Tempel zuständige Männer bestimmt, die dreißig Minen von den Apodekten erhalten und die Tempel, die es am nötigsten haben, ausbessern lassen; ebenso zehn Stadtaufseher (*astynómoi*). (2) Von diesen amtieren fünf in Piräus und fünf in der Stadt; sie achten darauf, daß die Flöten-, Harfen- und Kytharaspielerinnen nicht für mehr als zwei Drachmen vermietet werden, und falls mehrere sich um dieselbe Musikerin bemühen, losen sie und vermieten sie dem Gewinner. Sie sorgen auch dafür, daß keiner von den Abfalleinsammlern innerhalb von zehn Stadien vor der Stadtmauer Abfall ablädt; sie verhindern, daß man in die Straßen hinausbaut, Balkons über die Straßen ragen läßt, oberirdische Abflußrohre auf die Straße münden läßt und Fenster zur Straße hin öffnen kann. Sie lassen ferner die auf der Straße Gestorbenen zum Begräbnis wegbringen, wofür sie Staatssklaven als Gehilfen haben.

51. Durch das Los werden auch zehn Marktaufseher (*agoranómoi*) bestimmt, fünf für Piräus, fünf für die Stadt. Diesen ist von den Gesetzen vorgeschrieben, dafür zu sorgen, daß alle Waren rein und unverfälscht verkauft werden.

(2) Auch zehn Maßaufseher (*metronómoi*) werden erlost, fünf für die Stadt, fünf für Piräus; diese überwachen alle Maße und Gewichte, damit die Verkäufer korrekte Maße und Gewichte verwenden.

(3) Früher gab es außerdem zehn erloste Getreideaufseher (*sitophýlakes*), fünf für Piräus und fünf für die Stadt; jetzt sind es zwanzig für die Stadt und fünfzehn für Piräus. Sie sorgen erstens dafür, daß ungemahlenes Korn auf dem Markt zu einem gerechten Preis käuflich ist, sodann dafür, daß die Müller das Mehl zu einem Preis verkaufen, der zum Gerstenpreis in einem angemessenen Verhältnis steht, und daß die Bäcker ihre Brote zu einem Preis verkaufen, der zum Weizenpreis in einem angemessenen Verhältnis steht,

85

und dabei das Gewicht einhalten, das die Sitophylakes festsetzen. Denn das Gesetz bestimmt, daß diese das Gewicht festsetzen.

(4) Sie erlosen des weiteren zehn Aufseher des Emporion. Diesen ist es vorgeschrieben, die Aufsicht über die Handelsplätze zu führen und die Händler dazu zu zwingen, zwei Drittel des im Getreidehafen gelöschten Korns in die Stadt zu liefern.

52. Sie setzen außerdem die Elf (*héndeka*) durch das Los ein, die die Aufsicht über die Gefängnisinsassen führen sollen; auch sollen sie die vor sie gebrachten Diebe, Menschenräuber und Wegelagerer, sofern diese geständig sind, mit dem Tod bestrafen; sofern diese jedoch ihre Schuld bestreiten, sollen sie den Fall bei Gericht einführen; und wenn jene freigesprochen werden, sollen sie sie freilassen, wenn aber nicht, richten sie sie dann hin. Die Listen der Grundstücke und Häuser, deren Konfiskation beantragt wird, sollen sie dem Gericht vorlegen und die vom Gericht dem Staat zugesprochenen Objekte den Poleten übergeben. Auch sollen sie die Anzeigen (*endeíxeis*) bei Gericht einführen; denn auch diese führen die Elf ein. Aber einige Anzeigen führen auch die Thesmotheten bei Gericht ein.

(2) Sie erlosen ferner fünf Männer als Eisagogeis, die die Klagen bei Gericht einführen, über die innerhalb eines Monats entschieden werden muß; jeder von diesen ist für zwei Phylen zuständig. Klagen mit einer solchen Monatsfrist sind: wenn jemand eine Mitgift, die er schuldig ist, nicht zurückgibt; wenn jemand nicht zahlt, der sich zum monatlichen Zinssatz von einer Drachme auf hundert verschuldet hat; wenn jemand, der Geschäfte auf der Agora betreiben will, sich dazu von einem anderen das Startkapital geliehen hat (und nicht zahlt); ferner Klagen wegen tätlicher Angriffe, Klagen aus einem Freundschafts-Darlehen, Klagen aus Geschäftspartnerschaften, Klagen wegen Schäden durch Sklaven oder Zugvieh, Klagen aus den Verpflichtungen eines Trierarchen und Klagen aus Bankgeschäften. (3) Diese führen also innerhalb eines Monats die zu entscheidenden

Klagen bei Gericht ein und lassen es darüber ein Urteil fällen. Die Apodekten aber sind zuständig für Klagen von Steuerpächtern oder gegen diese; bis zu einem Streitwert von zehn Drachmen sind sie zu einer endgültigen Entscheidung befugt, die übrigen führen sie als binnen Monatsfrist zu entscheidende Fälle bei Gericht ein.

53. Durch das Los bestimmt man ferner die Vierzig, vier aus jeder Phyle, vor die man die übrigen Klagen bringt. Früher waren es dreißig, die von Demos zu Demos zogen, um Recht zu sprechen, aber nach der Oligarchie der Dreißig wurden es vierzig. (2) Die Fälle bis zu einem Streitwert von zehn Drachmen können sie eigenständig entscheiden, während sie Fälle, die diesen Wert übersteigen, den Schiedsrichtern (*diaitētaí*) übergeben. Wenn diese nach Übernahme des Falles keine Einigung herbeiführen können, dann fällen sie einen Schiedsspruch, und wenn diese Entscheidung beiden Parteien zusagt und sie sich daran halten, ist der Fall abgeschlossen. Wenn aber einer der beiden Prozeßgegner die Überweisung des Falles an das Gericht verlangt, so legen sie die Zeugenaussagen, die Vorladungen und die zitierten Gesetze in Tongefäße (*echínoi*), getrennt voneinander die Dokumente des Klägers und die des Beklagten; die Gefäße versiegeln sie, binden die auf ein Täfelchen geschriebene Entscheidung des Diaiteten daran fest und übergeben sie den vier (Demenrichtern), die die Rechtsprechung in der Phyle des Beklagten ausüben. (3) Diese übernehmen den Fall und führen ihn bei Gericht ein; Fälle mit einem Streitwert bis zu tausend Drachmen bringen sie vor zweihundertundeinen, solche mit einem Streitwert über tausend Drachmen vor vierhundertundeinen (Richter). Es ist nicht erlaubt, andere Gesetze, Vorladungen oder Zeugenaussagen heranzuziehen als die, die dem Diaiteten vorlagen und in die Tongefäße gelegt wurden.

(4) Schiedsrichter sind diejenigen, welche im sechzigsten Lebensjahr stehen; dieses Alter ist aus den Archonten und den eponymen Heroen ersichtlich. Es gibt nämlich zehn eponyme Heroen der Phylen und zweiundvierzig der Jahr-

gänge. Die eingetragenen Epheben wurden früher auf geweißten Tafeln verzeichnet, und über ihre Namen wurden
der Archon, unter dem sie eingetragen wurden, sowie der
eponyme Heros, der den Schiedsrichtern des vorherigen
Jahres zugeordnet worden war, geschrieben; jetzt werden
die Epheben auf einer bronzenen Stele verzeichnet, und die
Stele wird vor dem Buleuterion bei den Statuen der eponymen Heroen aufgestellt. (5) Den letzten der eponymen Heroen (die den Jahrgängen zugeordnet sind) nehmen die
Vierzig, teilen den auf dieser Tafel Verzeichneten die
Schiedsfälle (phylenweise) zu und losen aus, wer jeweils für
welchen Fall Schiedsrichter sein soll; und jeder ist verpflichtet, die Schiedsfälle, die ihm durch das Los zufallen,
zu übernehmen und abzuschließen. Denn das Gesetz bestimmt, daß jemand, der nicht Schiedsrichter wird, wenn er
aufgrund seines Alters an der Reihe ist, das Bürgerrecht
verliert, außer wenn er in jenem Jahr gerade ein Amt innehat oder außer Landes weilt; allein diese sind befreit. Es ist
außerdem möglich, Anzeige bei den Schiedsrichtern zu erstatten, wenn jemand durch seinen Schiedsrichter Unrecht
erlitten hat; und wenn sie einen solchen schuldig sprechen,
dann soll er, so bestimmen die Gesetze, das Bürgerrecht
verliert; aber auch diese können die Überweisung des Falles an das Gericht verlangen. (7) Sie verwenden die Eponymen auch für die Feldzüge, und immer, wenn sie einen
Jahrgang ausschicken, schreiben sie vor, von welchem Archonten und Eponymen an bis zu welchem anderen Archonten und Eponymen man ausrücken muß.

54. Durch das Los bestimmen sie ferner folgende Amtsträger: fünf Straßenbauaufseher (*hodopoioí*), deren Aufgabe
es ist, mit Hilfe von staatlichen Arbeitssklaven die Straßen
instandzuhalten. (2) Dann zehn Logistai und zehn diesen
zugeordnete Anwälte (*synégoroi*); ihnen müssen alle, die
Ämter innegehabt haben, einen Rechenschaftsbericht vorlegen. Diese allein sind es nämlich, die die Berichte der Re-
chenschaftspflichtigen prüfen und die Rechenschaftsverfah-
ren bei Gericht einführen: Und wenn sie jemanden der Un-

terschlagung überführen, verurteilen ihn die Richter wegen Unterschlagung, und der festgestellte Fehlbetrag muß als Buße zehnfach gezahlt werden; wenn sie jemanden der passiven Bestechung überführen und die Richter ihn verurteilen, entscheiden diese über die Höhe der Bestechungssumme, und wiederum das Zehnfache davon ist als Buße zu zahlen; wenn sie jemanden wegen eines Fehlverhaltens verurteilen, entscheiden sie über die Höhe der Schadenssumme, die einfach zu begleichen ist, wenn man vor der neunten Prytanie zahlt, andernfalls aber verdoppelt wird; ein bereits verzehnfachter Betrag wird hingegen nicht verdoppelt. (3) Man erlost auch den sogenannten Prytaniesekretär, der für die Dokumente zuständig ist, die gefaßten Beschlüsse verwahrt, alle anderen Aufzeichnungen überprüft und an den Ratssitzungen teilnimmt. Dieser wurde früher gewählt, und man wählte die angesehensten und vertrauenswürdigsten Männer; denn sogar auf den Stelen, auf denen Bündnisverträge, Proxenie- und Bürgerrechtsverleihungen inschriftlich festgehalten sind, steht jeweils dieser Amtsträger; jetzt aber erhält er sein Amt durch das Los. (4) Man bestimmt durch das Los noch einen weiteren Sekretär für die Gesetze, der an den Ratssitzungen teilnimmt; auch er überprüft die Aufzeichnung aller Gesetze. (5) Das Volk wählt außerdem einen Sekretär, der ihm und dem Rat Dokumente verlesen soll; dieser ist ausschließlich für das Vorlesen zuständig.

(6) Durch das Los bestimmt das Volk ferner zehn Hieropoioi, die sogenannten für die Sühneopfer Zuständigen; diese bringen die von Orakeln verlangten Opfer dar, und wenn gute Vorzeichen benötigt werden, versuchen sie, solche zusammen mit den Sehern herbeizuführen. (7) Das Volk erlost noch zehn weitere, die sogenannten jährlichen (Hieropoioi); diese bringen einige Opfer dar und organisieren alle Feste, die jedes vierte Jahr gefeiert werden, mit Ausnahme der Panathenäen. Feste, die alle vier Jahre stattfinden, sind erstens der Festzug nach Delos – dort gibt es aber auch ein Fest, das alle sechs Jahre begangen wird –,

zweitens die Brauronien, drittens die Herakleien, viertens die Eleusinien und fünftens die Panathenäen; keines dieser Feste findet am selben Ort wie ein anderes statt; jetzt sind unter dem Archonten Kephisophon (329/328) noch die Hephaistien dazugekommen.

(8) Sie bestimmen durch das Los auch einen Archonten für Salamis sowie einen Demarchen für Piräus; diese führen an jedem der beiden Orte die Dionysien durch und ernennen Choregen. In Salamis wird außerdem der Name des jeweiligen Archonten auf der offiziellen Liste veröffentlicht.

Die neun Archonten (Kap. 55–59)

55. Diese Ämter also werden durch das Los besetzt und sind zuständig für alle genannten Angelegenheiten. Auf welche Weise die sogenannten neun Archonten ursprünglich eingesetzt worden waren, ist bereits gesagt worden. Jetzt aber bestimmen sie durch das Los sechs Thesmotheten und einen Sekretär für sie, außerdem einen Archonten, einen Basileus und einen Polemarchos der Reihe nach aus jeder Phyle. (2) Diese werden zunächst im Rat der Fünfhundert geprüft, mit Ausnahme des Sekretärs; dieser wird nur vor Gericht geprüft wie die anderen Amtsträger – denn alle Amtsträger, ob erlost oder gewählt, übernehmen ihr Amt erst nach einer Prüfung –, die neun Archonten aber werden im Rat und noch einmal vor Gericht geprüft. Und früher durfte der, den der Rat ablehnte, kein Amt übernehmen, jetzt aber findet eine Überweisung an das Gericht statt, und diesem steht die endgültige Entscheidung der Prüfung zu.

(3) Sie fragen bei der Prüfung zuerst: »Wer ist dein Vater, welcher der Demen gehört er an, und wer ist der Vater deines Vaters? Und wer ist deine Mutter, wer der Vater deiner Mutter und welcher der Demen gehört er an?« Danach fragen sie, ob der Kandidat einen Altar des Apollon Patroos und einen des Zeus Herkeios habe und wo diese Altäre seien; dann, ob er Familiengräber habe und wo sie lägen; so-

dann, ob er seine Eltern gut behandle, seine Steuern bezahle und die Feldzüge mitgemacht habe. Nachdem er danach gefragt hat, sagt (der Vorsitzende des Prüfungsgremiums): »Rufe für diese Angaben deine Zeugen auf!« (4) Nachdem der Kandidat seine Zeugen aufgeboten hat, fragt der Vorsitzende: »Will jemand gegen diesen Mann klagen?« Und wenn ein Kläger da ist, läßt der Vorsitzende Klage und Verteidigung zu und läßt dann abstimmen, im Rat durch Handzeichen, im Gericht durch Stimmsteine (*pséphoi*). Wenn aber niemand Klage erheben will, läßt er sofort abstimmen. Früher gab (in diesem Fall) nur ein Richter seinen Stimmstein ab, jetzt aber sind alle verpflichtet, über die Kandidaten abzustimmen, damit, wenn ein verbrecherischer Kandidat seine Kläger beseitigt hat, die Richter dennoch die Möglichkeit haben, ihn abzulehnen. (5) Sind die Kandidaten auf diese Weise geprüft, gehen sie zu dem Stein, auf dem das Opferfleisch liegt; dort leisten auch die Schiedsrichter einen Eid, bevor sie ihre Schiedssprüche fällen, und die Zeugen weisen dort ihnen zugeschriebene Zeugnisse mit einem Eid zurück. Auf diesen Stein treten die Amtsträger und schwören, ihr Amt gerecht und gemäß den Gesetzen auszuüben, keine Geschenke aufgrund ihres Amtes anzunehmen und, falls sie doch etwas annähmen, ein goldenes Standbild zu weihen. Nach diesem Schwur gehen sie von da aus zur Akropolis und legen dort noch einmal den gleichen Eid ab, und danach treten sie ihr Amt an.

56. Der Archon, der Basileus und der Polemarchos nehmen sich auch je zwei Beisitzer nach eigener Wahl; diese werden, bevor sie ihr Amt antreten, vor Gericht geprüft und müssen, wenn sie ihr Amt abgeben, Rechenschaft ablegen.

(2) Sofort nach seinem Amtsantritt läßt der Archon zunächst verkünden, daß jeder den Besitz, den er vor seinem Amtsantritt hatte, bis zum Ende seiner Amtszeit behalten und frei darüber verfügen solle. (3) Dann ernennt er die drei reichsten unter allen Athenern zu Choregen für die Tragödien; früher ernannte er auch fünf Choregen für die

Komödien, jetzt aber stellen diese die Phylen. Dann erhält er die Namen der von den Phylen gestellten Choregen der Männer-, Knaben- und Komödienchöre für die Dionysien sowie der Männer- und Knabenchöre für die Thargelien – für die Dionysien ist es je ein Chorführer aus jeder Phyle, für die Thargelien einer aus zwei Phylen, wobei ihn jede der beiden Phylen abwechselnd stellt. Für diese Choregen leitet er Vermögenstausch-Verfahren (*antidóseis*) und führt Einsprüche gegen die Choregenverpflichtung bei Gericht ein, wenn jemand vorbringt, er habe diese Liturgie schon früher geleistet, oder er sei davon befreit, weil er eine andere Liturgie geleistet habe und seine leistungsfreie Zeit noch nicht abgelaufen sei, oder er habe das nötige Alter noch nicht erreicht. Der Chorführer der Knabenchöre muß nämlich älter als vierzig Jahre sein. Der Archon ernennt auch die Choregen der nach Delos gesandten Chöre sowie den Leiter der Festgesandtschaft für den Dreißigruderer, der die Jünglinge dorthin bringt. (4) Er ist für die Festzüge verantwortlich, sowohl für den zu Ehren des Asklepios, wenn die Eingeweihten (*mýstai*) im Tempelinneren bleiben, als auch für den bei den großen Dionysien zusammen mit den zehn Aufsehern, die früher das Volk gewählt hat, und die die Aufwendungen für den Festzug aus eigenen Mitteln bestritten haben; jetzt hingegen lost das Volk aus jeder Phyle einen aus und stellt für die Ausstattung des Festzugs hundert Minen zur Verfügung. (5) Der Archon ist auch verantwortlich für den Festzug bei den Thargelien und den für Zeus Soter. Auch den Wettkampf bei den Dionysien und den Thargelien organisiert er. Für diese Feste also ist er verantwortlich.

(6) Öffentliche und private Klagen werden vor ihn gebracht; nach einer Voruntersuchung führt er sie bei Gericht ein, und zwar Klagen wegen schlechter Behandlung der Eltern – diese Klagen kann jeder, der will, anstrengen, ohne bei Prozeßverlust bestraft zu werden –, wegen schlechter Behandlung von Waisen – diese richten sich gegen die Vormünder –, wegen schlechter Behandlung einer Erbtochter –

diese richten sich gegen die Vormünder und die Ehemänner –, wegen Schädigung eines Waisenvermögens – auch diese richten sich gegen die Vormünder – und Klagen wegen Geistesgestörtheit, wenn jemand einen anderen beschuldigt, in geistiger Verwirrung sein Erbe zu verschleudern; ferner Anträge auf die Wahl von Verteilern, wenn jemand gemeinsamen Besitz nicht aufteilen will, Anträge auf Einsetzung eines Vormundes und auf Entscheidung von gegeneinander stehenden Ansprüchen auf Übernahme einer Vormundschaft, Klagen auf Vorlage von Beweismaterial, wenn jemand sich selbst als Vormund eingetragen hat, sowie Ansprüche auf Erbschaften und Erbtöchter. (7) Er hat des weiteren die Aufsicht über die Waisen, die Erbtöchter und die Frauen, die nach dem Tod ihres Mannes erklären, schwanger zu sein; auch ist er dazu befugt, denjenigen, die jemandem aus diesem Personenkreis ein Unrecht zufügen, eine Geldbuße aufzuerlegen oder den Fall bei Gericht einzuführen. Er vermietet ferner die Güter der Waisen sowie der unter vierzehnjährigen Erbtöchter und nimmt dafür Sicherheiten; und wenn die Vormünder ihrer Unterhaltspflicht gegenüber den Kindern nicht nachkommen, treibt er die Unterhaltszahlungen ein.

57. Der Archon ist also für diese Angelegenheiten zuständig. Der Basileus hingegen ist zunächst verantwortlich für die Mysterien, zusammen mit den Aufsehern, die das Volk wählt, und zwar zwei aus allen Athenern, einen von den Eumolpiden und einen von den Keryken. Sodann ist er für die lenäischen Dionysien verantwortlich, die aus einem Festzug und einem Wettbewerb bestehen; den Festzug organisieren der Basileus und die Aufseher gemeinsam, den Wettbewerb aber leitet der Basileus allein. Er veranstaltet auch alle Fackelwettläufe; und man kann sagen, daß er für die Durchführung aller altüberkommenen Opfer sorgt.

(2) Vor ihn werden öffentliche Klagen wegen Gottesfrevels gebracht und ebenso Klagen, mit denen jemand einem anderen die Übernahme eines Priesteramtes streitig macht. Er läßt ferner alle Streitigkeiten zwischen den Geschlech-

93

tern und zwischen den Priestern über kultische Angelegenheiten durch ein Gericht entscheiden. Außerdem werden alle Privatklagen wegen Mordes vor ihn gebracht, und er ist es, der den Ausschluß des Beklagten von bestimmten, durch Gesetz festgelegten Rechten verkündet.

(3) Prozesse wegen Mordes und Körperverletzung finden, wenn jemand vorsätzlich getötet oder verwundet hat, vor dem Areopag statt; ebenso Prozesse wegen Giftmordes, wenn jemand mit Gift getötet hat, und wegen Brandstiftung; nur diese Fälle entscheidet der Rat auf dem Areopag. Prozesse wegen unvorsätzlicher und wegen mittelbarer Tötung sowie Fälle, in denen jemand einen Sklaven, einen Metöken oder einen Fremden getötet hat, entscheiden die Richter im Palladion. Wenn jemand zugibt, getötet zu haben, aber behauptet, im Einklang mit den Gesetzen gehandelt zu haben, etwa wenn er einen Ehebrecher ertappt hat, im Krieg einen auf der eigenen Seite Kämpfenden nicht erkannt hat oder an einem sportlichen Wettkampf beteiligt war, dann sitzt man über ihn im Delphinion zu Gericht. Wenn jemand sich wegen einer Tat, für die eine Aussöhnung erfolgen kann, in der Verbannung aufhält und angeklagt wird, einen anderen getötet oder verwundet zu haben, dann sitzt man über ihn im Heiligtum des Phreatos zu Gericht; er aber verteidigt sich von einem in Ufernähe verankerten Schiff aus. (4) Zu Gericht sitzen die Männer (?), denen diese Fälle zugelost werden, mit Ausnahme der Prozesse, die vor den Areopag kommen; der Basileus führt die Fälle ein, und sie sitzen in einem Heiligtum (?) unter freiem Himmel zu Gericht; und wenn der Basileus den Exekutionsbefehl erteilt, legt er seinen Kranz ab.[9] Der Angeklagte wird für die übrige Zeit von den Heiligtümern ausgeschlossen, und ein Gesetz verbietet ihm sogar, die Agora zu betreten; dann aber betritt er das Heiligtum und verteidigt sich. Falls ein Kläger nicht weiß, wer die Tat begangen hat,

9 Die Übersetzung folgt der Interpretation von G. Thür, »Die Todesstrafe im Blutprozeß Athens«, in: *The Journal of Juristic Papyrology* 20 (1990) S. 143–156, hier 153 f.

erhebt er Klage gegen den (unbekannten) Täter. Auch bei Prozessen gegen leblose Gegenstände und gegen Tiere bilden der Basileus und die Phylobasileis das Gericht.

58. Der Polemarchos bringt die Opfer für die Artemis Agrotera und für Enyalios dar; er leitet die Leichenspiele zu Ehren der im Krieg Gefallenen und führt die Totenopfer für Harmodios und Aristogeiton durch. (2) Vor ihn werden nur[10] Privatklagen gebracht, und zwar solche, an denen Metöken, mit den Bürgern hinsichtlich der Abgaben Gleichgestellte oder Proxenoi beteiligt sind. Er muß die Klagen entgegennehmen, sie in zehn Teile aufteilen und jeder Phyle einen Teil durch das Los zuweisen; diejenigen der (vierzig) Richter, die für die jeweilige Phyle zuständig sind, übergeben die Fälle den Schiedsrichtern. (3) Der Polemarchos selbst führt Klagen gegen Freigelassene, die ihre Pflichten nicht erfüllen, und gegen Metöken, die keinen Patron haben, bei Gericht ein, ebenso Prozesse um Erbschaften oder Erbtöchter, an denen Metöken beteiligt sind; auch alle anderen Angelegenheiten, die der Archon für die Bürger regelt, regelt für die Metöken der Polemarchos.

59. Die Thesmotheten sind zunächst befugt vorzuschreiben, an welchen Tagen die Gerichte Recht sprechen müssen, sodann dazu, den Amtsträgern Gerichtshöfe zuzuweisen; denn wie diese die Gerichtshöfe zuweisen, so lassen die Amtsträger sie tagen. (2) Außerdem führen sie bei Gericht ein: die politischen Anklagen (*eisangelíai*), die man vor das Volk bringt; die Fälle, über die das Volk aufgrund eines Berichts des Areopag beschließt, sie an ein Gericht weiterzuleiten (*katacheirotoníai*); alle Klagen, über die das Volk vorläufig abstimmt (*probolaí*); ebenso Klagen wegen gesetzwidriger Antragstellung (*graphaí paranómon*) und wegen Beantragung eines schädlichen Gesetzes; Klagen gegen Prohedroi oder einen Epistates wegen Amtspflichtverletzungen; schließlich die Rechenschaftslegung der Strategen. (3) Es

---

10 Die Übersetzung weicht hier von Chambers' Text ab und folgt Kaibel/ Wilamowitz und anderen.

kommen vor sie auch die öffentlichen Klagen, bei denen vom Kläger eine Kaution hinterlegt wird: Klagen wegen Anmaßung des Bürgerrechts; wegen Bestechung in einem Bürgerrechtsprozeß – wenn jemand in einem Prozeß wegen Anmaßung des Bürgerrechts durch Bestechung einen Freispruch erreicht hat; wegen Sykophantentums, Bestechung, falscher Eintragung eines anderen als Staatsschuldners, falscher Bezeugung einer Vorladung zur Prozeßeröffnung; wegen vorsätzlich unterlassener oder wegen ungerechtfertigter Streichung eines Namens aus der Liste der Staatsschuldner; schließlich wegen Ehebruchs. (4) Sie führen ferner die Prüfungen für alle Amtsträger bei Gericht ein, ebenso die Anträge auf Eintragung in die Liste der Demenmitglieder, die von den Mitgliedern eines Demos abgelehnt worden sind, sowie die vom Rat ausgesprochenen Verurteilungen. (5) Sie führen außerdem private Klagen ein, soweit sie Handelsangelegenheiten oder den Bergbau betreffen, sowie solche gegen Sklaven, wenn einer einen Freien verleumdet. Auch losen sie den Amtsträgern die für öffentliche und private Prozesse benötigten Gerichtshöfe zu. (6) Die Thesmotheten führen auch den Vorsitz, wenn von einem Gericht Rechtshilfeverträge mit anderen Staaten in Kraft gesetzt werden; sie führen Klagen, die sich auf diese Verträge berufen, bei Gericht ein, und ebenso Klagen wegen falscher Zeugenaussagen vor dem Areopag.

(7) Alle neun Archonten, als zehnter aber der Sekretär der Thesmotheten, losen die Richter aus, und zwar jeder die seiner eigenen Phyle.

Die Athlotheten (Kap. 60)

60. Das also sind die Angelegenheiten, die die neun Archonten betreffen. Man erlost ferner zehn Männer als Athlotheten, einen aus jeder Phyle. Diese amtieren, nachdem sie überprüft sind, vier Jahre lang und organisieren den Festzug der Panathenäen, den musikalischen und den sportlichen

Wettbewerb sowie das Pferderennen; sie lassen auch das Gewand der Athena und zusammen mit dem Rat die Preisamphoren herstellen und übergeben den Athleten das Öl. (2) Gewonnen wird das Öl von den heiligen Olivenbäumen; der Archon treibt es von denen ein, welche die Landgüter besitzen, auf denen die heiligen Bäume stehen, und zwar drei halbe Kotylen von jedem Baum. Früher verpachtete die Polis diese Einnahme; und wenn jemand einen heiligen Ölbaum ausgrub oder fällte, saß der Rat auf dem Areopag über ihn zu Gericht, und wenn er des Vergehens für schuldig befunden wurde, bestraften ihn die Areopagiten mit dem Tod. Seit der Landbesitzer das Öl abliefert, gibt es zwar dieses Gesetz noch, aber das Gerichtsverfahren ist aufgegeben worden. Das Öl fließt der Polis nämlich aus dem Gesamtbesitz, nicht von den einzelnen Bäumen zu. (3) Wenn nun der Archon das in seinem Amtsjahr hergestellte Öl eingesammelt hat, übergibt er es den Schatzmeistern (*tamíai*) auf der Akropolis; und er darf nicht eher Mitglied des Areopags werden, bevor er den Schatzmeistern nicht alles übergeben hat. Die Schatzmeister bewahren es in der Zwischenzeit auf der Akropolis auf, an den Panathenäen aber messen sie es den Athlotheten zu; die Athlotheten wiederum überreichen es den siegreichen Wettkämpfern. Die Preise für die Gewinner des musikalischen Wettbewerbs bestehen in Geld und Gold, für die Sieger im Paradenwettbewerb sind es Schilde und für die in den sportlichen Wettkämpfen und im Pferderennen Olivenöl.
...[11]

Gewählte militärische Amtsträger (Kap. 61)

61. Sie wählen auch alle mit militärischen Aufgaben betrauten Amtsträger. Zehn Strategen wählen sie, wobei man früher je einen aus jeder Phyle wählte, jetzt aber erfolgt die

---

[11] Hier wird von einigen Herausgebern eine Auslassung angenommen (vgl. Kap. 43,1).

Wahl aus allen Athenern. Diese teilen sie durch die Wahl auch bestimmten Aufgabenbereichen zu: Einen wählen sie für die Hopliten, er befehligt die Hopliten, wenn sie außer Landes ausrücken; einen für das Staatsgebiet, der es bewachen läßt und der das Oberkommando innehat, wenn innerhalb des Landes Krieg geführt wird; zwei für den Piräus, den einen für Munichia, den anderen für Akte, die für die Bewachung der Schiffsanlagen in Piräus sorgen; einen für die Symmorien, der die Trierarchen ernennt, den Vermögenstausch (*antídosis*) für sie leitet und die Prozesse, die wegen der Trierarchie geführt werden, bei Gericht einführt; die übrigen senden sie zu den jeweils anfallenden Aufgaben aus. (2) In jeder Prytanie findet durch Abstimmung ihre Amtsbestätigung statt, wenn ihre Amtsführung gebilligt wird; und wenn sie jemanden absetzen, wird darüber von einem Gericht entschieden; wird er verurteilt, setzt man fest, welche Strafe er zu erleiden oder welche Buße er zu bezahlen hat; wird er freigesprochen, nimmt er sein Amt wieder ein. Während ihres Kommandos sind die Strategen befugt, jeden, der gegen die militärische Ordnung verstößt, festzunehmen, aus der Truppe auszustoßen oder mit einer Geldstrafe zu belegen; Geldstrafen verhängen sie aber gewöhnlich nicht.

(3) Sie wählen ferner zehn Taxiarchen, einen aus jeder Phyle; dieser hat das Kommando über die Mitglieder seiner Phyle und setzt Unterführer (*lochagoí*) ein.

(4) Sie wählen auch zwei Hipparchen aus allen Athenern; diese haben das Kommando über die Reiter, wobei jeder von beiden fünf Phylen übernimmt. Sie haben dieselben Befugnisse wie die Strategen gegenüber den Hopliten; auch über sie findet eine Abstimmung zur Amtsbestätigung statt.

(5) Sie wählen auch zehn Phylarchen, einen aus jeder Phyle, der das Kommando über die Reiter hat, wie die Taxiarchen über die Hopliten.

(6) Sie wählen auch einen Hipparchen für Lemnos, der für die Reiter auf Lemnos zuständig ist.

(7) Sie wählen ferner einen Schatzmeister (*tamías*) für (das Staatsschiff) Paralos, und einen anderen für das nach Ammon benannte (Staatsschiff).

Regelungen für Amtsträger und Besoldungen (Kap. 62)

62. Die erlosten Amtsträger wurden früher teils zusammen mit den neun Archonten aus der ganzen Phyle erlost, teils im Theseion durch das Los auf die Demen verteilt. Seitdem aber die Demen die Ämter zu verkaufen pflegten, erlosen sie auch diese Amtsträger aus der ganzen Phyle, ausgenommen die Ratsmitglieder und die Wächter; diese überlassen sie den Demen. (2) Bezahlung erhält zunächst das Volk, und zwar für die übrigen Volksversammlungen eine Drachme, für die Hauptversammlung aber neun Obolen. Sodann gibt es für die Gerichtshöfe drei Obolen; der Rat wiederum erhält fünf Obolen, den Prytanen wird jedoch noch ein Obolos für ihre Verpflegung dazugegeben. Ferner bekommen die neun Archonten für ihre Verpflegung je vier Obolen und unterhalten einen Herold und einen Flötenspieler; der Archon für Salamis erhält eine Drachme pro Tag. Die Athlotheten speisen während des Monats Hekatombaion, wenn die Panathenäen stattfinden, im Prytaneion, und zwar vom vierten Tag dieses Monats an. Die Amphiktyonen, die nach Delos gehen, erhalten für jeden Tag eine Drachme aus Delos. Auch alle nach Samos, Skyros, Lemnos oder Imbros entsandten Amtsträger erhalten Geld für ihre Verpflegung. (3) Die militärischen Ämter darf man mehrfach übernehmen, von den anderen aber keines, nur Ratsmitglied darf man zweimal sein.

Die Gerichte (Kap. 63–69)

63. Die Gerichte besetzen die neun Archonten, von denen jeder für eine Phyle zuständig ist, für die zehnte Phyle aber der Sekretär der Thesmotheten. (2) Es gibt zehn Ein-

gänge zu den Gerichten, einen für jede Phyle; zwanzig Losautomaten (*klērotéria*), zwei für jede Phyle; hundert Kästen, zehn für jede Phyle; weitere Kästen, in welche die Namenstäfelchen der ausgelosten Richter gelegt werden; außerdem zwei Krüge. Stäbe werden neben jeden Eingang gestellt, so viele, wie es Richter gibt, und Eicheln werden in die Krüge gelegt, in gleicher Anzahl wie die Stäbe. Auf die Eicheln werden, beginnend mit dem elften, dem Lambda, so viele Buchstaben eingeritzt, wie Gerichte zu besetzen sind.

(3) Die Tätigkeit als Richter steht den über Dreißigjährigen offen, sofern sie gegenüber dem Staat keine Schulden und ihre Rechte nicht verloren haben. Wenn ein Unbefugter als Richter tätig wird, wird er angezeigt, und sein Fall wird bei Gericht eingeführt. Wird er verurteilt, legen die Richter nach ihrem Ermessen als zusätzliche Strafe fest, was er zu erleiden oder zu bezahlen verdient hat. Wenn er mit einer Geldbuße belegt wird, muß man ihn festnehmen, bis er sowohl die frühere Schuld, aufgrund deren er angezeigt wurde, als auch die Buße, die das Gericht ihm zusätzlich auferlegte, bezahlt hat. (4) Jeder Richter besitzt ein Täfelchen aus Buchsbaumholz, auf dem sein Name, der seines Vaters und seines Demos sowie ein Buchstabe des Alphabets bis zum Kappa stehen; die Richter sind nämlich innerhalb ihrer Phylen in zehn Gruppen eingeteilt, annähernd gleich viele unter jedem Buchstaben.

(5) Wenn der Thesmothet die Buchstaben, die den Gerichtshöfen zugeordnet werden müssen, ausgelost hat, bringt sie der Gehilfe zum jeweiligen Gericht und befestigt dort den dafür erlosten Buchstaben.

64. Die zehn Kästen stehen vor dem Eingang jeder Phyle und tragen jeweils einen Buchstaben bis zum Kappa. Wenn die Richter ihre Namenstäfelchen in den Kasten gelegt haben, auf dem derselbe Buchstabe steht wie auf ihrem Täfelchen, schüttelt der Gehilfe die Kästen, und der Thesmothet zieht aus jedem Kasten ein Täfelchen heraus. (2) Dieser (d. h. wessen Täfelchen gezogen wird) heißt Einstecker und

steckt die Namenstäfelchen aus seinem Kasten in diejenige senkrechte Reihe von Schlitzen in dem Losautomaten ein, über der derselbe Buchstabe steht wie auf dem Kasten. Dieser wird ausgelost, damit nicht immer derselbe die Täfelchen einsteckt und dabei betrügen kann. Jeder Losautomat hat fünf Reihen von Schlitzen. (3) Wenn der Archon die Würfel hineingeworfen hat, führt er die Auslosung für seine Phyle durch, indem er die Losautomaten nacheinander einsetzt. Es sind Würfel aus Bronze, schwarze und weiße; es werden so viele weiße Würfel hineingeworfen, wie man Richter auslosen muß, und zwar ein Würfel für fünf Namenstäfelchen; die schwarzen werden nach dem gleichen Prinzip hineingeworfen. Wenn der Archon die Würfel herausnimmt, ruft der Herold die Ausgelosten auf. Auch der Einstecker gehört zu der Gruppe der Ausgelosten. (4) Der Aufgerufene meldet sich, nimmt eine Eichel aus dem Krug, hält sie, mit dem Buchstaben nach oben, hoch und zeigt sie zunächst dem Archonten, der die Auslosung leitet. Wenn der Archon sie gesehen hat, legt er das Namenstäfelchen des Betreffenden in den Kasten, auf dem derselbe Buchstabe steht wie auf der Eichel, damit der Richter zu dem Gericht geht, dem er zugelost wurde, und nicht zu dem, das ihm beliebt; außerdem soll es dadurch niemandem möglich sein, die Richter, die er haben will, in einem Gericht zusammenzuziehen. (5) Neben dem Archonten stehen so viele Kästen, wie Gerichte zu besetzen sind; sie tragen jeweils den Buchstaben, der für eines der Gerichte ausgelost worden ist.

65. Der Richter zeigt wiederum die Eichel vor, diesmal dem Gehilfen, und geht dann durch das Tor hinein. Der Gehilfe gibt ihm einen Stab in der Farbe des Gerichts, das denselben Buchstaben trägt wie die Eichel, damit der Richter gezwungen ist, in das Gericht zu gehen, das er ausgelost hat; denn wenn er in ein anderes geht, wird er wegen der Farbe seines Stabes zurückgewiesen. (2) Für jedes Gericht ist nämlich auf dem Balken über dem Eingang eine Farbe aufgetragen. Der Richter nimmt also seinen Stab und geht

in das Gericht, das dieselbe Farbe wie sein Stab und denselben Buchstaben wie seine Eichel hat. Wenn er eintritt, erhält er von Staats wegen eine Kennmarke von dem, der für dieses Amt erlost worden ist.

(3) Dann legen die, die auf diese Weise hineingegangen sind, im Gericht die Eichel und den Stab ab. Denen aber, die bei der Auslosung nicht zum Zug gekommen sind, geben die Einstecker ihre Namenstäfelchen zurück. (4) Die Staatssklaven, die als Gehilfen tätig sind, überbringen von jeder Phyle die Kästen, je einen an jedes Gericht; darin befinden sich die Namen der Phylenmitglieder, die in dem jeweiligen Gericht sitzen. Sie übergeben die Kästen den Männern, fünf an der Zahl, die dazu erlost worden sind, den Richtern in dem jeweiligen Gericht ihre Namenstäfelchen wieder zurückzugeben. Sie sollen die Namen der Richter von den Täfelchen aufrufen und ihnen den Lohn auszahlen.

66. Wenn alle Gerichte besetzt sind, werden im ersten der Gerichte zwei Losautomaten bereitgestellt sowie bronzene Würfel, auf denen die Farben der Gerichte angebracht sind, und weitere Würfel, auf denen die Namen der Amtsträger stehen. Zwei dafür ausgeloste Thesmotheten werfen getrennt voneinander die Würfel ein. Der eine wirft die farbigen in den einen Losautomaten, der andere die mit den Namen der Amtsträger in die andere. Der Amtsträger, der als erster gelost wird, übernimmt – und der Herold ruft es so aus – das Gericht, das als erstes ausgelost wird; der zweite übernimmt das zweite Gericht, und in derselben Weise die übrigen Amtsträger, damit keiner vorher weiß, welches der Gerichte er übernehmen wird; vielmehr wird jeder das übernehmen, das er erlost hat.

(2) Wenn die Richter hineingegangen und auf die Abteilungen aufgeteilt sind, zieht der vorsitzende Amtsträger in jedem Gericht ein Namenstäfelchen aus jedem Kasten, damit es zehn sind, ein Richter nämlich aus jeder Phyle, und legt diese Namenstäfelchen in einen anderen, leeren Kasten hinein. Von diesen Richtern lost er die ersten fünf, die das Los trifft, aus, und zwar einen für die Wasseruhr, die übri-

gen vier für die Stimmsteine (*pséphoi*), damit niemand den für die Wasseruhr oder einen für die Stimmsteine Zuständigen beeinflussen kann und in dieser Hinsicht kein Betrug vorkommt. (3) Die fünf Richter, die das Los nicht getroffen hat, erhalten von diesen ... (die Regelungen?), auf welche Weise und wo in dem Gericht selbst die Richter jeder Phyle ihren Sold erhalten, nachdem sie entschieden haben, damit sie das Geld jeweils in kleinen, voneinander getrennten Gruppen entgegennehmen und sich nicht, in großer Zahl am selben Platz zusammengedrängt, gegenseitig im Weg sind.

67. Nachdem sie das erledigt haben, rufen sie die Prozesse auf; wenn sie über Privatangelegenheiten entscheiden, rufen sie die Privatprozesse auf, und zwar vier an der Zahl, einen aus jeder der gesetzlich bestimmten Prozeßarten; die Prozeßgegner schwören, nur zur Sache selbst zu sprechen. Wenn sie über öffentliche Angelegenheiten entscheiden, rufen sie die öffentlichen Prozesse auf und entscheiden nur einen Fall.

(2) Es sind Wasseruhren mit Ausflußröhrchen vorhanden, in die man die Wassermenge hineingießt, welche die Redezeit für die Prozeßreden beschränkt. Zehn Chus werden bei einem Streitwert über 5000 Drachmen gewährt und drei Chus für die zweite Rede; sieben Chus bei einem Streitwert bis 5000 Drachmen und zwei Chus für die zweite Rede; fünf Chus bei einem Streitwert unter tausend Drachmen und zwei Chus für die zweite Rede; sechs Chus bei Prozessen aus konkurrierenden Ansprüchen (*diadikasíai*), und bei diesen gibt es keine zweite Rede. (3) Der für die Wasseruhr ausgeloste Richter hält das Ausflußröhrchen zu, sobald der Sekretär sich anschickt, einen öffentlichen Beschluß (*pséphisma*), ein Gesetz, eine Zeugenaussage oder einen geschäftlichen Vertrag vorzulesen; wenn aber der Prozeß an einem in Zeitabschnitte unterteilten Tag stattfindet, dann hält er das Röhrchen nicht zu, sondern dem Kläger und dem Beklagten wird die gleiche Wassermenge gewährt. (4) Die Unterteilung wird nach den Tagen des Monats Posideon vorge-

103

nommen[12]... Sie verwenden Amphoren ... jeder erhält den gleichen Anteil; denn früher versuchten sie, ... die ... zu verdrängen, um das verbleibende Wasser zu erhalten; jetzt aber sind zwei ... vorhanden, die eine für die Kläger, die andere für die Beklagten. (5) ... für die zweite Abstimmung. Der Tag wird unterteilt nach den ... der Verfahren, die Gefängnis, Tod, Verbannung, Rechtsverlust oder Vermögenskonfiskation als Strafen nach sich ziehen; andernfalls muß erst entschieden werden, welche Strafe der Verurteilte zu erleiden oder welche Buße er zu bezahlen hat.

68. ... der Gerichte bestehen aus fünfhundertundeinem Richter ...; wenn es erforderlich ist, die ... Klagen bei einem Gericht von tausend Richtern einzuführen, dann kommen zwei Gerichte in der Heliaia zusammen; ... für 1500 Richter drei Gerichte. (2) Es sind bronzene Stimmsteine vorhanden, die in der Mitte ein Röhrchen aufweisen; die eine Hälfte der Stimmsteine ist durchbohrt, die andere massiv. Nachdem die Reden gehalten sind, händigen die für die Stimmsteine Ausgelosten jedem der Richter zwei Stimmsteine aus, einen durchbohrten und einen massiven; das tun sie offen vor den Augen der Prozeßgegner, damit kein Richter zwei durchbohrte oder zwei massive erhält. Der für dieses Amt Ausgeloste sammelt die Kennmarken ein, an deren Stelle jeder Richter, wenn er seine Stimme abgibt, eine bronzene Marke erhält, auf der die Zahl drei steht; wenn er sie abgibt, erhält er nämlich drei Obolen; so verfährt man, damit alle ihre Stimme abgeben; denn niemand darf eine Marke erhalten, wenn er nicht abstimmt. (3) Zwei Amphoren sind im Gericht aufgestellt, die eine aus Bronze, die andere aus Holz. Sie sind zerlegbar, damit niemand heimlich Stimmsteine hineinwirft. In diese Amphoren werfen die

---

12 Der folgende Text bis einschließlich Kap. 68,1 ist nur sehr lückenhaft überliefert und beruht selbst in der bruchstückhaften Form teilweise auf Rekonstruktion. Chambers hat von den vollständigen Ergänzungen Colins und Hommels nur wenige übernommen und z. T. durch eigene Vorschläge ersetzt. Von diesen werden in der vorliegenden Übersetzung wegen der immer noch großen Unsicherheit mehrere nicht berücksichtigt.

Richter ihre Stimmsteine; die bronzene zählt, die hölzerne nicht. Die Amphore aus Bronze hat einen Deckel mit einer Öffnung, die jeweils nur einen Stimmstein durchläßt, damit derselbe Richter nicht beide hineinwirft. (4) Wenn die Richter zur Abstimmung bereit sind, fragt der Herold zunächst, ob die Prozeßgegner gegen die Zeugenaussagen Einspruch einlegen wollen; Einspruch einzulegen ist nämlich nicht mehr erlaubt, wenn die Richter mit der Abstimmung begonnen haben. Dann wiederum ruft der Herold: »Der durchbohrte Stimmstein ist für den Kontrahenten, der an erster, der massive für den, der an zweiter Stelle gesprochen hat.« Der Richter nimmt seine Stimmsteine gleichzeitig von dem Ständer und wirft, indem er das Röhrchen des Stimmsteins zuhält und die Prozeßgegner weder das durchbohrte noch das massive erkennen läßt, den gültigen in die bronzene, den ungültigen in die hölzerne Amphore.

69. Nachdem alle abgestimmt haben, nehmen die Gehilfen die gültige Amphore und entleeren sie auf ein Brett, welches so viele Bohrungen hat wie Stimmsteine da sind; die Bohrungen sind angebracht, damit die gültigen Stimmsteine, wenn man sie ausbreitet, leicht zählbar sind, sowohl die durchbohrten als auch die massiven. Die für die Stimmsteine Ausgelosten zählen sie auf dem Brett aus, die massiven für sich und die durchbohrten für sich; und der Herold verkündet die Anzahl der Stimmsteine, für den Kläger die durchbohrten, für den Beklagten die massiven. Wer die meisten Stimmen auf sich vereint, gewinnt; bei Stimmengleichheit gewinnt der Beklagte. (2) Dann entscheiden die Richter noch einmal, wenn eine Strafe oder Buße festgesetzt werden muß, indem sie ihre Stimme auf dieselbe Weise abgeben; sie geben die Marke zurück und nehmen den Stab wieder an sich. Bei der Straffestsetzung steht jedem Kontrahenten eine Redezeit von einem halben Chus Wasser zu. Wenn die Richter die Angelegenheiten, die ihnen aufgrund der Gesetze zufallen, entschieden haben, erhalten sie ihren Sold in der Abteilung, der jeder zugelost worden ist.

Anhang

Die Fragmente des verlorenen Anfangs

Im folgenden sind nur die Fragmente, d. h. Zitate, zusammengestellt, die dem verlorenen Anfangsteil der *Athenaíon politeía* entnommen sind, um eine Vorstellung von dessen Inhalt zu vermitteln. Sie stammen hauptsächlich aus Scholien, also antiken Erläuterungen zu bekannten Texten, sowie aus antiken und byzantinischen Lexika. Zahlreiche weitere Fragmente haben fast den gleichen Wortlaut und sind daher nicht eigens abgedruckt; Verweise darauf sind in den Textausgaben zu finden. Die in Klammern angegebene Zählung bezieht sich auf die Gesamtaugabe der aristotelischen Fragmente von V. Rose, *Aristotelis qui ferebantur librorum fragmenta*, Leipzig 1886.

1 (381 Rose)

Harpokration, s.v. Ἀπόλλων πατρῷος ὁ Πύθιος:

(*patroos*) ist ein Beiname des Gottes; es gibt noch viele andere. Seit Ion verehren die Athener gemeinsam den Apollon als Gott der Väter (*patroos*). Denn als dieser (Ion) sich in Attika ansiedelte, wurden die Athener, wie Aristoteles sagt, Jonier genannt, und Apollon hieß bei ihnen Patroos.

Scholion zu Aristophanes, *Die Vögel* 1527:

... als Gott der Väter (*patroos*) verehren die Athener Apollon, weil Ion, der Polemarchos der Athener, der Sohn des Apollon und der Kreusa, der Frau des Xuthos, war.

2 (385 Rose)

Lexicon Patmense 152, s.v. γεννῆται:

Einst, bevor Kleisthenes seine Phylenreform durchführte, war die Masse der Athener in Bauern und Handwerker unterteilt. Es gab vier Phylen, und jede der Phylen hatte drei Teile, die sie Phratrien und Trittyen nannten. Jeder dieser Teile bestand aus dreißig Geschlechtern, und jedes Geschlecht (*génos*) hatte dreißig Männer, die den Geschlechtern zugeordnet waren und Gennetai genannt wurden. Aus ihnen wurden die Priesterschaften, die den einzelnen Geschlechtern zukamen, ausgelost, wie zum Beispiel die Eumolpiden, die Keryken oder die Eteobutaden, wie Aristoteles in seinem *Staat der Athener* in folgenden Worten berichtet:

»Sie waren in vier Phylen organisiert; damit ahmten sie die Jahreszeiten nach. Jede Phyle war in drei Teile unterteilt, so daß sich insgesamt zwölf Teile ergaben, so viele wie die Monate im Jahr; diese werden Trittyen und Phratrien genannt. Einer Phratrie waren dreißig Geschlechter zugeordnet, so viele wie die Tage im Monat, und ein Geschlecht bestand aus dreißig Männern.«

Scholion zu [Platon], *Axiochos* 371d:

Aristoteles sagt, daß die gesamte Menge der Athener in Bauern und Handwerker aufgeteilt war und sie vier Phylen gehabt hätten. Jede Phyle habe drei Teile gehabt, die sie Trittyen und Phratrien nennen, und jede von diesen habe aus dreißig Geschlechtern bestanden. Jedes Geschlecht wiederum habe sich aus dreißig Männern zusammengesetzt. Diese Männer nun, die den Geschlechtern (*génē*) zugeordnet sind, nennen sie Gennetai.

Harpokration, s.v. τριττύς:

Eine Trittys ist der dritte Teil einer Phyle; diese ist nämlich in drei Teile unterteilt, in Trittyen, Stämme (*éthnē*) oder Phratrien, wie Aristoteles in seinem *Staat der Athener* sagt.

3 (384 Rose)

Plutarch, *Theseus* 25,1–3:

Weil er (Theseus) die Polis noch vergrößern wollte, lud er
alle unter Zusicherung gleicher Rechte ein; und man sagt,
der Aufruf »Kommt her, all' ihr Völker« stamme von Theseus, der damit ein Gesamtvolk hergestellt habe. (2) Er ließ
allerdings nicht unbeachtet, daß die Demokratie durch eine
wahllos zusammengeströmte Menge in Unordnung und
Verwirrung geraten würde, sondern schied als erster Adlige
(*eupatrídai*), Bauern (*geomóroi*) und Handwerker (*dēmiurgoí*) voneinander. Obwohl er den Eupatriden die Zustän-
digkeit in den die Götter betreffenden Angelegenheiten sowie das Recht, die Archonten zu stellen, verlieh und sie zu
Lehrern der Gesetze und Interpreten kultischer und profa-
ner Angelegenheiten bestimmte, stellte er sie doch den übrigen Bürgern gleich. Nach allgemeiner Ansicht zeichneten
sich die Eupatriden durch ihr Ansehen, die Geomoren
durch ihre Nützlichkeit und die Demiurgen durch ihre
Menge aus. (3) Daß Theseus sich als erster dem niederen
Volk zuwandte, wie Aristoteles sagt (vgl. Ath. pol. 41,2),
und die Monarchie aufgab, scheint auch Homer zu bezeu-
gen, wenn er im Schiffskatalog (*Ilias* 2,547) allein die Athener als Volk (*dēmos*) bezeichnet. Er ließ auch Münzen prä-
gen und sie mit dem Bild eines Ochsen versehen ...

4

Scholion zu Euripides, *Hippolytos* 11:

Aristoteles berichtet, daß Theseus, als er nach Skyros ging,
um es zu erkunden, was sich aus der Verwandtschaftsbin-
dung des Aigeus erklärt, sein Ende fand, indem er von den
Felsen hinabgestürzt wurde, weil den König Lykomedes
fürchtete, ... Einem Orakelspruch folgend brachten die
Athener nach den Perserkriegen seine Gebeine fort und be-
gruben sie.

Die Epitome des Herakleides Lembos

Im 2. Jh. n. Chr. fertigte der Gelehrte Herakleides Lembos in Alexandria Auszüge (*epitomaí*) aus den *Politeíai* des Aristoteles an. Mehrere Handschriften überliefern insgesamt dreiundvierzig ganz kurz zusammengefaßte Verfassungen, an erster Stelle den folgenden Auszug (*epitomé*) aus dem *Staat der Athener*. Die erhaltenen Überreste aus dem Werk des Herakleides *Über Verfassungen* sind selbst wiederum nur später angefertigte Exzerpte oder schlecht überlieferte Fragmente. Statt einer fortlaufenden Darstellung bieten sie nur lückenhaft zusammengestellte Einzelheiten, die Irrtümer enthalten und nicht immer in der richtigen Reihenfolge stehen.

(1) Die Athener hatten seit der Anfangszeit ein Königtum; nachdem Ion sich bei ihnen angesiedelt hatte, wurden sie zum ersten Mal Jonier genannt (vgl. Frg. 1).

Pandion, der nach Erechtheus König war, teilte die Herrschaft auf seine Söhne auf, und diese bekämpften sich fortwährend. Theseus aber erließ einen Aufruf und versöhnte sie auf der Grundlage gleich großer und gleichwertiger Anteile. Er ging nach Skyros und fand dort sein Ende, indem er von Lykomedes, der befürchtete, er werde sich die Insel aneignen, von den Felsen hinabgestoßen wurde. Später, nach den Perserkriegen, brachten die Athener seine Gebeine zurück (vgl. Frg. 3–4).

Seit den Kodriden wählten sie keine Könige mehr, da diese nach ihrer Ansicht weichlich und schwächlich geworden waren. Hippomenes aber, einer der Kodriden, wollte der Nachrede begegnen, und als er einen Ehebrecher bei seiner Tochter Leimone ertappte, tötete er ihn, indem er ihn an seinen Wagen spannte; sie hingegen schloß er mit einem Pferd ein, bis sie zugrunde ging.

(2) Den Kylon und seine Anhänger, die wegen ihrer Tyrannis an den Altar der Göttin geflohen waren, töteten die Leute um Megakles; und die, die das getan hatten, vertrieb man als Fluchbeladene (vgl. Ath. pol. 1).

(3) Solon, der den Athenern Gesetze gab, führte auch einen Schuldenerlaß durch, die sogenannte Lastenabschüttelung (*seisáchtheia*) (vgl. 6,1). Als einige sich bei ihm über seine Gesetze beschwerten, reiste er nach Ägypten (vgl. 11,1).

(4) Nachdem Peisistratos dreiunddreißig Jahre lang die Tyrannis innehatte, starb er in hohem Alter (vgl. 17,1). Hipparchos, der Sohn des Peisistratos, liebte Vergnügungen, Liebschaften und die Künste; Thessalos hingegen war jünger und anmaßend (vgl. 18,1–2). Da sie ihn, als er Tyrann war, nicht umbringen konnten, töteten sie seinen Bruder Hipparchos (vgl. 18,3). Hippias verschärfte nun seine Tyrannenherrschaft (vgl. 19,1).

Kleisthenes brachte das Gesetz über das Scherbengericht (*ostrakismós*) ein, das wegen derjenigen erlassen wurde, die nach der Tyrannis strebten. Neben anderen wurden auch Xanthippos und Aristeides ostrakisiert (vgl. 22,1.4–7).

(5) Themistokles und Aristeides … (vgl. 23,3). Und der Rat auf dem Areopag hatte große Macht (vgl. 23,1).

(6) Ephialtes … (vgl. 25). ⟨Kimon⟩ gestattete denen, die wollten, auf seinem Privatland Früchte zu sammeln; von seinem Land ernährte er viele (vgl. 27,3).

(7) Kleon übernahm und verdarb die Staatsleitung (vgl. 28,3), und noch mehr die nach ihm kamen; diese erfüllten alles mit Gesetzlosigkeit und töteten nicht weniger als 1500 Menschen (vgl. 28,4; 35,3–4).

Als diese gestürzt waren, standen Thrasybulos und Rhinon, der ein guter und angesehener Mann war, an der Spitze (vgl. 37,1; 38,3–4). …

(8) Und sie kümmern sich um die Straßen, damit niemand auf diese hinausbaut oder Balkons darüber hinausragen läßt (vgl. 50,2).

Auf die gleiche Weise setzen sie auch die Elf ein, die die Aufsicht über die Gefängnisinsassen führen sollen (vgl. 52,1).

Es gibt auch neun Archonten, sechs Thesmotheten, die nach ihrer Überprüfung schwören, ihr Amt gerecht auszuüben und keine Geschenke anzunehmen, oder sonst ein goldenes Standbild zu weihen (vgl. 55).

Der Basileus sorgt für die mit den Opfern zusammenhängenden Angelegenheiten (vgl. 57,1), ⟨der Polemarchos⟩ für die militärischen (vgl. 58,1).

Glossar

Erläutert werden alle griechischen Termini, die in die Übersetzung übernommen oder ihr in Klammern eingefügt sind. Aufgenommen sind auch Gebäudebezeichnungen, soweit sie für staatliche Institutionen von Bedeutung sind, und Eigennamen, von denen Einrichtungen abgeleitet sind; die übrigen Eigen- und Ortsnamen hingegen nicht. Es sei daran erinnert, daß nicht wenige Termini, gerade Amtsbezeichnungen, nur oder vorrangig aus der vorliegenden Schrift bekannt sind, so daß das Glossar in diesen Fällen keine zusätzlichen Informationen vermittelt. Besonders in solchen Fällen sind in Klammern die Bezugsstellen der *Athenaíon politeía* angegeben.

Soweit nicht anders vermerkt, beziehen sich alle Angaben auf Athen, was auch bedeutet, daß gleichnamigen Institutionen in anderen griechischen Poleis eine andere Bedeutung zukommen kann. Auch sonst ist die Worterklärung im allgemeinen auf die in der *Athenaíon politeía* vorkommenden Bedeutungen beschränkt.

Die Akzente sind als Betonungshilfen gedacht. Im Deutschen übliche Aussprache: ē = ä; eu = eu; ei = e und i zusammengezogen (wie englisch *male*).

agorá (f.): zentraler Platz, mit politischen und kultischen Gebäuden umbaut (vgl. Abb. 1); politisches und ökonomisches Zentrum Athens.

agoranómoi (m., Sg.: *-os*): Marktaufseher; Gremium von zehn Männern, fünf für Athen, fünf für Piräus (51,1).

ágroikoi (m., Pl.): Bauern; nach der Ath. pol. (13,2) ein politischer Stand in nachsolonischer Zeit.

akrópolis (f.): Burgberg mit den wichtigsten Kultstätten der Polis.

amphiktýones (m., Pl.), dt. meist: Amphiktýónen: Repräsentanten eines Staates in einer Amphiktyoníe, d. h. einer überstaatlichen Organisation, die meist die Verwaltung eines Heiligtums zur Aufgabe hatte (in 62,2 ist das Apollon-Heiligtum auf Delos gemeint).

amphoreús (m., Pl.: *-eís*): Amphóre (f.!); bauchförmiges Tongefäß zur Aufbewahrung von Flüssigkeiten.

antídosis (f., Pl.: *-eis*): Vermögenstausch; ein Rechtsverfahren, das von einem liturgiepflichtigen Bürger gegen einen vermeintlich Reicheren angestrengt werden konnte; der Bezeichnete mußte entweder die Liturgie übernehmen oder sein gesamtes Vermögen mit dem Initiator tauschen.

apagōgḗ (f.): Verhaftung durch Amtsträger aufgrund einer Anzeige.

apodéktai (m., Sg.: *-ēs*): Amtsträger mit finanziellen Aufgaben; Gremium von zehn Männern.

árchon (m., Pl.: *-ontes*): (1) vor allem im Plural ganz allgemein die zivilen, manchmal auch militärischen Amtsträger; (2) spezifisch die neun höchsten zivilen Amtsträger, nämlich Archon (*eponymos*), Basileus, Polemarchos und die sechs Themotheten; (3) im Sg. meist der *archon eponymos*, nach dem das jeweilige Jahr benannt wurde.

Áreios págos (m.), dt. meist: Areopág: (1) Hügel des Kriegsgottes Ares südlich der Agora; (2) Rat (*bulḗ*) des Areopag, bestehend aus den ehemaligen (jeweils neun) Archonten; seine Mitglieder heißen *areopagítai* (Sg.: *-ítēs*).

astynómoi (m., Sg.: *-os*): Stadtaufseher; Gremium von zehn Männern, fünf für Athen und fünf für Piräus (50,1–2).

athlothétai (m., Sg.: *-ēs*): für die Durchführung des Panathenäenfestes zuständige Amtsträger; Gremium von zehn Männern (60).

átimos (m., Pl.: *-oi*): ein mit atimía Bestrafter, d. h. jemand, der das Recht, Agora und Heiligtümer zu betreten, sowie alle politischen Rechte verloren hat.

atthís (f., Pl.: *-ídes*): geschichtliche Chronik von Athen und Attika; ihre Verfasser heißen Atthidographen.

basileús (m., Pl.: *-eís*): (1) Archon Basileus, einer der neun Archonten; vor allem für sakrale Angelegenheiten zuständig; (2) König (nicht in der Ath. pol.).

Braurónia (n., Pl.): Braurónien; Frauenfest zu Ehren der Göttin Artemis; ursprünglich in Brauron, später in Athen gefeiert.

Bukoleíon (n.): früheres Amtslokal des Basileus (3,5), bei den Ausgrabungen nicht wiederentdeckt; zur Zeit des Aristoteles war die Stoa Basileia Amtslokal des Basileus.

bulḗ (f.): Rat; von Kleisthenes als Rat der Fünfhundert konstituiert (21,3); seine Mitglieder heißen *buleutaí* (m., Sg.: *-tés*), dt.: Buleúten.

buleutḗrion (n.): Amtslokal der Bule; auf der Westseite der Agora wiederentdeckt.

chitón (m.): langes Untergewand (gleicht der römischen Tunika).

chorēgoí (m., Sg.: *-ós*): Chorégen; Bürger, die aufgrund ihres Vermögens die Kosten für die Ausstattung und Einstudierung der dramatischen und lyrischen Chöre bei den Dionysien und Thargelien übernehmen mußten; Choregíe war eine der Liturgien.

chus (m., auch f.): Maß für Flüssigkeiten, entspricht 3,2 l.

Delphínion (n.): ein den beiden delphischen Gottheiten Apollon und Artemis geweihter Tempel.

dēmagogós (m., Pl.: *-oí*): Volksführer, Demagoge; von Kritikern der Demokratie oft in pejorativem Sinn verwendet.

démarchos (m., Pl.: *-oi*): höchster Amtsträger eines Demos im Sinne von (4), Gemeinde.

dēmiurgoí (m., Pl.): Handwerker, nach der Ath. pol. (13,2) ein politischer Stand in nachsolonischer Zeit.

démos (m., Pl.: *-oi*): Volk; (1) das Gesamtvolk (des Staates); (2) das gemeine Volk (die Armen), im Gegensatz zu den Vornehmen (den Reichen); (3) Volksversammlung; (4) eine der 139 von Kleisthenes zu politischen Einheiten gemachten Demen, die am ehesten mit heutigen Gemeinden vergleichbar sind; die Demenmitglieder heißen *dēmótai* (Sg.: *-ēs*).

diadikasía (f., Pl.: *-ai*): Prozeß zwischen mehreren Parteien, die dieselbe Sache beanspruchen oder eine Pflicht ablehnen.

diaitētaí (m., Sg.: *-és*): staatliche Schiedsrichter, vor die die meisten Privatklagen kamen, bevor gegebenenfalls ein Gericht damit befaßt wurde; alle 59jährigen Bürger waren zu diesem Dienst verpflichtet.

diákrioi (m., Pl.): Bewohner des attischen Berglandes, nach der Ath. pol. (13,4) eine politische Parteiung in nachsolonischer Zeit, angeführt von Peisistratos.

dikastérion (n., Pl.: *-ia*): Gericht, zusammengesetzt aus 201 oder 401 Richtern bei Privatprozessen, aus 501 oder einem mehrfachen von 500 plus einem Richter bei öffentlichen Prozessen; zur Zeit des Aristoteles 6000 *dikastaí* (Sg.: *-és*) »Richter«; aus denen, die sich an den Gerichtstagen zur Losung präsentierten, wurde die für jedes Gericht benötigte Zahl jeweils neu ausgelost.

Dionýsia (n., Pl.): Feste zu Ehren des Gottes Dionysos; jährlich beging man die großen Dionysien sowie die lenäischen Dionysien mit Prozessionen und Theateraufführungen.

dokimasía (f.): (1) Überprüfung von Amtsträgern vor Antritt ihres Amtes durch ein Dikasterion, bei den Buleuten und den neun Archonten durch die Bule und ein Dikasterion; (2) Beurteilung des Alters der Epheben durch die Bule (42,2), (3) Begutachtung einiger militärischer Einheiten durch die Bule (49,1).

drachmé (f., Pl.: *-aí*): Dráchme; Gewichts- und Geldeinheit von 4,37 g (Silber).

echínos (m., Pl.: *-oi*): rundes Tongefäß mit Deckel.

eisagogeís (m., Pl.): wörtl. »Einführer«; Gremium von fünf Männern, welche die sog. Monatsklagen entgegennahmen und bei der Gerichtsverhandlung den Vorsitz führten (52,2–3).

eisangelía (f., Pl.: *-ai*): Anklage vor der Volksversammlung wegen Hochverrats, Umsturzes der Demokratie oder Bestechlichkeit, in der Praxis meist gegen Strategen erhoben (die Anklage erheben heißt *eisangéllein*); bis um 355 konnte die Volksversammlung auch urteilen, danach nur noch ein Dikasterion.

ekklēsía (f., Pl.: *-ai*): Volksversammlung (dt. Ekklesíe zu betonen), meist auf der Pnyx.

elegeía (f.): Elegie; lyrisches Gedicht, nicht wie in der Neuzeit unbedingt schwermütigen Inhalts.

Eleusínia (n., Pl.): Eleusinien; Fest in Eleusis, nicht zu verwechseln mit den eleusinischen Mysterien.

empórion (n.): Handelshafen, für den besondere zoll- und handelsrechtliche Bestimmungen galten.

éndeixis (f., Pl.: *endeíxeis*): Klage bei den Elf oder den Thesmotheten, insbesondere gegen *atimoi*, die ihre verlorenen Rechte unbefugt wahrnahmen.

éphēbos (m., Pl.: *-oi*): Ephébe; volljährig gewordener junger Mann im Alter von 18 oder 19 Jahren, der einen zweijährigen Ephebendienst ableistet (42).

Epilýkeion (n.): Amtslokal des Polemarchos (3,5); bei den Ausgrabungen nicht wiederentdeckt.

epimelētḗs (m., Pl.: *-aí*): Aufseher; bekannt sind mehrere Gremien solcher Amtsträger, die durch genauere Bezeichnungen (z. B. Werftaufseher) voneinander unterschieden sind.

epistátēs (m., Pl.: *-ai*): Vorsitzender; die Volksversammlung wurde im 5. Jh. vom E. der Prytanen, spätestens ab 479/478 vom E. der *prohedroi* geleitet.

epitomḗ (f., Pl.: *-aí*): Auszug, Kurzfassung.

epónymos: namengebend; der Archon e. gibt dem Amtsjahr seinen Namen, die eponymen Heroen geben ihn den kleisthenischen Phylen.

éthnos (n., Pl.: *-ē*): Gruppe, Stamm, Volk; insbesondere die nicht in Poleis lebenden Völker werden so bezeichnet.

Eumolpídai (m., Pl.): Name eines Geschlechts (*genos*), dem, wie den Kerykes, ein kultisches Amt bei den eleusinischen Mysterien erblich zustand.

eupatrídai (m., Sg.: *-ídēs*): wörtl. »die von edlen Vätern abstammen«; die Adligen der Frühzeit.

eúthynai (f., Pl.): Rechenschaft; abzulegen von allen Amtsträgern (und sogar von Gesandten) am Ende ihrer Amtszeit; vor den *eúthynoi*, einem Gremium von zehn dafür erlosten Buleuten, konnte jeder Bürger gegen die ausgeschiedenen Amtsträger wegen Vergehen im Amt Klage erheben (48,4–5).

génos (n., Pl.: *-ē*): Geschlecht, Sippe, Clan; seine Mitglieder (*gennḗtai*) führten ihre Herkunft auf einen gemeinsamen Vorfahren zurück und praktizierten gemeinsame Kulte.

geomóroi: Bauern(stand) in Attika zur Zeit des Theseus nach Plut. Thes. 25,2 (Frg. 3); in anderen *poleis* nur die Großgrundbesitzer so bezeichnet.

graphḗ paranómon (f., Pl.: *graphaí p.*): öffentliche Klage gegen einen Rhetor, der in der Bule oder der Ekklesia einen gesetzwidrigen Antrag gestellt hatte.

hámhippoi (m., Pl.): leichtbewaffnete Fußsoldaten, die im Verbund mit der Reiterei kämpften (49,1).

harmostḗs (m., Pl.: *-aí*): Harmóst, spartanischer Befehlshaber und Gouverneur in abhängigen Städten bzw. Staaten.

hektḗmoroi (m., Pl.): Kleinbauern der vorsolonischen Zeit, die ein Sechstel des Ertrages an ihre Herren abzuführen hatten; soziale und rechtliche Stellung umstritten.

hēliaía (f.): (1) Gebäude, in dem die größten Gerichtshöfe von 1001, 1501 oder mehr Richtern tagten (68,1); (2) solonischer Terminus für das Gericht des Volkes; im 4. Jh. synonym mit Dikasterion.

hellēnotamíai (m., Pl.): Gremium von zehn, später zwanzig Amtsträgern, die die Gelder des Delisch-Attischen Seebunds verwalteten.

héndeka: die Elf; Amtsträger zur Überwachung des Gefängnisses und der Ausführung von Todesstrafen; auch für bestimmte Klagen zuständig.

Hēphaístia (n., Pl.): Hephaístien; Fest zu Ehren des Gottes Hephaistos.

Hērákleia (n., Pl.): Fest zu Ehren des Halbgottes Herakles. In Athen gab es mehrere Heraklesfeste.

hḗros (m., Pl.: *-oes*) Héros (Pl.: Heróen); Halbgott bzw. vergöttlichter Mensch; im Heroenkult wurden besonders Urväter eines Volkes, eines Stammes oder eines Geschlechts sowie Städtegründer verehrt.

hetaireía (f., Pl.: *-ai*): Bund von *hetaíroi* mit geselligem und kultischem Charakter; Ende des 5. Jh.s politisch aktiv; kämpften, oft konspirativ, für eine Oligarchie.

hiátus (m., lat.): Aufeinandertreffen zweier Vokale am Ende des einen und am Anfang des folgenden Wortes; galt in der Prosa und vor allem in der Dichtung als anstößig.

hieromnēmon (m., Pl.: *-ones*): stimmberechtigter Delegierter in der delphischen Amphiktyonie, in der Athen einen der beiden jonischen Vertreter stellte.

hieropoiós (m., Pl.: *-oí*): wörtl. »Opferdurchführer«; Amtsträger mit kultischen Aufgaben, vor allem Darbringung von Opfern.

hípparchos (m., Pl.: *-oi*): Befehlshaber der Reiterei (Hippeís); im 4. Jh. gab es zwei reguläre H., dazu einen nach Lemnos abgeordneten (61,2. 4).

hippeús (m., Pl.: *-eís*): Reiter, Ritter; (1) Angehöriger der zweiten Klasse in der solonischen Verfassung, bestimmt durch einen jährlichen Ernteertrag von 300 bis 500 Medimnoi (7,3–4); (2) Angehöriger der Reiterei, die 1000 Mann stark war.

hodopoioí (m. Pl.): Straßenbauaufseher; Gremium von fünf Amtsträgern, zuständig für die Instandhaltung der Straßen (54,1).

hoplítēs (m., Pl.: *-ai*): schwerbewaffneter Fußsoldat, Hoplít; Hauptteil des militärischen Aufgebots der griechischen *poleis*.

hypóthesis (f.): Zusammenfassung oder Inhaltsangabe dichterischer und prosaischer Werke durch spätere Bearbeiter.

katacheirotonía (f., Pl.: *-ai*): Beschluß der Volksversammlung, einen Fall, über den zunächst der Areopag einen Bericht vorgelegt hat (*apóphasis*), zur endgültigen Entscheidung an ein Gericht weiterzuleiten; verweigerte die Volksversammlung die Weiterleitung, kam das einem Freispruch gleich; die K. scheint als vorläufige Abstimmung der Volksversammlung auch innerhalb anderer Verfahrenstypen ihren Platz gehabt zu haben, z. B. bei der Probole, s. d.

katalogeís (Pl.): wörtl. »Auflister«; Gremium von zehn Amtsträgern, die das Verzeichnis der Hippeis erstellen.

Kérykes (m., Pl.): (1) Name eines Geschlechts (*genos*), dem, wie den Eumolpidai, ein kultisches Amt bei den eleusinischen Mysterien erblich zustand; (2) allgemein Herolde (Sg.: *Kéryx*).

klērotérion (n., Pl.: *-a*): Losmaschine, -apparat oder -automat aus Stein zur Erlosung von Richtern und Amtsträgern (vgl. Abb. 2).

Kodrídai (m., Pl.): Geschlecht (*genos*) des Kodros, eines legendären Königs von Athen.

kolakrétēs (m., Pl.: *-ai*): Amtsträger mit finanziellen Aufgaben im frühen Athen; im 5. Jh. waren die K. Zahlmeister der Staatskasse; im Peloponnesischen Krieg wurde das Amt aufgelöst, seine Aufgaben übernahmen die *hellenotamiai*.

kosmētēs (m., Pl.: *-aí*): Leiter der Ephebenausbildung, zuständig für alle Epheben (42,2).

kotýlē (f., Pl.: *-ai*): Hohlmaß, faßt in Athen 0,2736 l Flüssigkeit.

kýrbeis (f. Pl.): Schriftträger der solonischen Gesetze aus Holz, Bronze oder Stein; die Quellen sind widersprüchlich; auch ihre Form wird verschieden rekonstruiert.

leiturgía (f., Pl.: *-ai*): Liturgie; Verpflichtung der reichsten Athener, staatliche Aufgaben zu finanzieren, v. a. Aufwendungen für Staatsfeste (Choregie und Gymnasiarchie) und für die Kriegsschiffe (Trierarchie).

lochagós (m., Pl.: *-oí*): militärischer Unterführer, Befehlshaber eines *lochos*.

logistaí (m., Sg.: *-ēs*): (1) Gremium von zehn erlosten Buleuten mit der Aufgabe, in jeder Prytanie die Rechnungsführung aller Amtsträger zu prüfen (48,3); (2) Gremium von zehn erlosten Amtsträgern, die am Ende eines Jahres die Rechenschaftsberichte aller Amtsinhaber zu prüfen hatten (54,2).

médimnos (m., Pl.: *-oi*): Hohlmaß von 52,53 l für Getreide.

mēdismós (m.): Perserfreundschaft; schweres politisches Delikt.

metabolḗ (f., Pl.: *-aí*): Änderung, Veränderung; speziell für Verfassungen bzw. Regierungsformen gebraucht (*m. politeíon*).

métoikos (m., Pl.: *-oi*): Metōke, d. h. »Mitwohner« oder »Einwanderer« (Etymologie umstritten); Ansässiger und registrierter Fremder ohne politische Rechte, aber vom Gesetz geschützt und zum Militärdienst und zur Steuerzahlung verpflichtet.

metronómoi (m. Pl.): Maßaufseher; Gremium von zehn Amtsträgern, fünf für Athen und fünf für Piräus (51,2).

mna (f., Pl.: *mnai*): Mine; Gewichts- und Geldeinheit = 100 Drachmen = 435 g (Silber).

mystēria (n., Pl.): Mysterien; Fest zu Ehren der Göttinnen Démeter und Perséphone, in Athen und Eleusis gefeiert; geheime Riten nur für die Eingeweihten (*mystai*).

mýstēs (m., Pl.: *-ai*): Eingeweihter, nämlich in die Geheimnisse des eleusinischen Mysterienkults.

naukraría (f., Pl.: *-ai*): Verwaltungseinheit der vorklassischen Zeit, von Kleisthenes durch die Demen ersetzt; jede der vier Phylen war in 12 Naukrarien unterteilt, jeder Naukrarie stand ein *naúkraros* (m., Pl.: *-oi*) vor (8,3; 21,5).

nomothétai (m., Sg.: *-ēs*; nicht in der Ath. pol.): Gremium von »Gesetzgebern«; z. B. 1001 Männer, die aus den insgesamt 6000 Dikasten erlost wurden. Auf Beschluß der Ekklesia entschieden die N. über die Annahme neuer Gesetze (*nómoi* im Unterschied zu *psephismata*). Das Verfahren heißt *nomothesía*.

óbolos (m., Pl.: *-oi*), dt. auch: Obole (f.): Gewichts- und Geldeinheit = 1/6 Drachme = 0,73 g (Silber).
ostrakismós (m.): Scherbengericht; bei dieser Abstimmung hatten alle Bürger das Recht, den Namen eines Politikers auf eine Tonscherbe (*óstrakon* n., Pl.: *-a*) zu ritzen. Wer mehr als 6000 Stimmen auf sich vereinigte (nach anderer Auffassung ist diese Zahl das Abstimmungsquorum), mußte für zehn Jahre ins Exil gehen, ohne seine Ehre und sein Eigentum zu verlieren. Auf der Agora, wo die Abstimmung stattfand, sind Tausende solcher Scherben gefunden worden (vgl. Abb. 3).

Palládion (n.): Heiligtum der Pallas Athene; man hat es mit Überresten südöstlich der Akropolis identifiziert.
Panathḗnaia (n., Pl.): Panathenáen; Fest zu Ehren der Staatsgöttin Athena; alle vier Jahre die Großen P., in den übrigen Jahren die Kleinen P. mit jeweils einem Festzug sowie musikalischen und sportlichen Wettbewerben (60,1).
parálioi (m., Pl.): Bewohner der attischen Küste; nach der Ath. pol. (13,4) eine politische Parteiung in nachsolonischer Zeit, angeführt von Megakles.
pátrios politeía (f.): althergebrachte Staatsordnung; der Begriff tauchte in den letzten Jahrzehnten des 5. Jh.s auf und war nie etwas anderes als eine Idealvorstellung zur Rechtfertigung aktueller politischer Ziele; diese waren meist auf ein Zurückdrängen demokratischer Elemente in der Verfassung gerichtet.
pediakoí (m., Pl.): Bewohner der Ebene Attikas, nach der Ath. pol. (13,4) eine politische Parteiung in nachsolonischer Zeit, angeführt von Lykurgos.
pelátai (m., Pl.): abhängige Landbevölkerung der vorsolonischen Zeit (2,1); soziale und rechtliche Stellung noch unklarer als die der *hektḗmoroi*.
pentakosiomédimnos (m., Pl.: *-oi*): wörtl. »Fünfhundertscheffler«; Angehöriger der ersten Klasse in der solonischen Verfassung, bestimmt durch einen jährlichen Ernteertrag von mindestens 500 Medimnoi (7,3–4).

pentéres (f., Pl.: *-eis* nicht in der Ath. pol.): Pentére, Quinqueréme; Kriegsschiff mit fünf übereinander angeordneten Reihen von Ruderbänken.

Pheídon: legendärer Herrscher über Argos; soll neben anderen wirtschaftlichen Reformen die deshalb so genannten pheidonischen Maße festgelegt haben, die auch in Athen gültig waren, bis Solon sie geändert hat (10,2).

phratría (f., Pl.: *-ai*): Phratríe, wörtl. »Bruderschaft«; traditionelle soziale und kultische Gemeinschaft; die Anzahl der Phratrien ist nicht bekannt; auch nach den kleisthenischen Reformen war die Mitgliedschaft in einer P. Voraussetzung für die Aufnahme in die Bürgerschaft, unbeschadet der Rolle der Demen.

phýlarchos (m., Pl.: *-oi*): Befehlshaber der Reiterei jeweils einer Phyle (61,5).

phylé (f., Pl.: *-aí*): Phýle, wörtl. »Stamm«; politische Unterteilung der athenischen Bürgerschaft. Vor Kleisthenes gab es vier, seit seinen Reformen zehn Phylen; sie waren weiter in Trittyen und Demen unterteilt.

phylobasileús (m., Pl.: *-eís*): Amtsträger an der Spitze der vier vorkleisthenischen Phylen; ein Gremium von vier P. hatte nach der Phylenreform neben Opferaufgaben nur die Funktion von Richtern in Tötungsprozessen gegen Tiere und Gegenstände (57,3).

pnyx (f.): Hügel südwestlich der Agora, auf dem die meisten Volksversammlungen der klassischen Zeit abgehalten wurden.

polemarcheíon (n.): nach der Ath. pol. (3,5) ursprünglicher Name für das Amtslokal des Polemarchos (wohl nur eine Vermutung), das dann *Epilýkeion* hieß.

polémarchos (m.): einer der neun Archonten; ursprünglich der militärische Oberbefehlshaber; in klassischer Zeit zuständig vor allem für Rechtsangelegenheiten der Metöken.

polētaí (m., Sg.: *-és*): Poléten, wörtl. »Verkäufer«; Gremium von zehn Amtsträgern, zuständig für den Verkauf konfiszierten Eigentums und für die Verpachtung von öffentlichen Ländereien, Silberminen und Steuereinnahmen.

pólis (f., Pl.: *-eis*): meist mit »Stadtstaat« übersetzt; typische griechische P. ist ein Kleinstaat, bestehend aus einem städtischen Zentrum und agrarisch genutztem Umland; Athen und Sparta sind ungewöhnlich große *poleis.* Bürgerrecht hat der *polítēs* (m., Pl.: *-ai*); weiblicher (in der Ath. pol. nicht vorkommender) Begriff *polítis* (f., Pl.: *-eis*).

politeía (f., Pl.: *-ai*): (1) Staatsordnung, Verfassung; (2) Bürgerrecht; (3) Bürgerschaft einer *polis*; vgl. Einl. S. 7 f.

probolé (f., Pl.: *-aí*): Klage gegen Sykophanten (43,5) und gegen Personen, die den Ablauf eines Staatsfestes störten; wurde in der Volksversammlung erhoben und konnte auf Beschluß des Volkes (*katacheirotonía*) an ein Gericht zur Entscheidung weitergeleitet werden (59,2).

próbuloi (m., Pl.): wörtl. »Vorberater«; ein Gremium von zehn P. wurde schon 413 gewählt, 20 weitere P. beim oligarchischen Umsturz 411 eingesetzt (29,2); eine für oligarchische *poleis* charakteristische Einrichtung.

pródromoi (m., Pl.): Angehörige der berittenen Vorhut (49,1).

próhedroi (m., Sg.: *-os*): Vorsitzende in den Sitzungen des Rates und der Volksversammlung; wurde zwischen 403/402 und 379/378 eingeführt. Für jeden Sitzungstag wurden aus den 450 Buleuten, die nicht Prytanen waren, neun P. erlost, und von diesen wieder einer als Epistates (44,2–3).

prósklēsis (f., Pl.: *prosklḗseis*): Vorladung in einem Rechtsverfahren; ein Kläger mußte in Anwesenheit von Zeugen den (hiermit) Beklagten auffordern, sich an einem bestimmten Tag vor dem zuständigen Amtsträger einzufinden.

próxenos (m., Pl.: *-oi*): Angehöriger eines fremden Staates, der in seiner Heimatpolis die Rechte und Interessen Athens und seiner Bürger vertrat; Ernennung zum P. erfolgte durch einen Beschluß der Volksversammlung und galt als öffentliche Ehrung, die meist aufgrund konkreter Verdienste erfolgte.

prytaneíon (n.): (1) ursprüngliches Amtslokal des Archon (*eponymos*) (3,5); (2) Gebäude auf der Agora, seit archaischer Zeit nachgewiesen; enthielt den Staatsherd mit dem immer brennenden Feuer; Bewirtung geladener Gäste auf Staatskosten.

prytáneis (m., Sg.: *prýtanis*): Prytánen waren jeweils die 50 Buleuten einer Phyle für ein Zehntel des Jahres (eine Prytaníe); bereiteten die Rats- und Volksversammlungen vor und beriefen sie ein; im 5. Jh. hatten sie, besonders ihr erloster Epistates, dabei auch den Vorsitz, der später an die Prohedroi fiel (s. d.); Amtslokal der Prytanen war die *tholos*, wo sie gemeinsam speisten.

pséphisma (n., Pl.: *pséphísmata*): Beschluß von Rat und Volksversammlung oder von einem der beiden Gremien allein.

pséphos (f., Pl.: *-oi*): Stimmstein bei Abstimmungen im Gericht und in der Ekklesia, wenn ein Quorum von 6000 Stimmberechtigten erforderlich war; ursprünglich Kieselsteine, im 4. Jh. bronzene Scheibchen; im Gericht umschlossen diese Scheibchen ein massives oder hohles Bronzeröhrchen (68,2) (vgl. Abb. 4).

schólion (n., Pl.: *-ia*): Erklärung von Ausdrücken und Aussagen klassischer Autoren durch Gelehrte der hellenistischen, römischen oder byzantinischen Zeit; heute unter dem Namen des kommentierten Autors getrennt von dessen Werken publiziert.

seisáchtheia (f.): wörtl. »Lastenabschüttelung«; von Solon durchgeführter Schuldenerlaß zur Stabilisierung der Lage der abhängigen Landbevölkerung (6,1).

sitophýlakes (m., Sg.: *-lax*): Getreideaufseher; Gremium von früher zehn, später 35 Amtsträgern, zuständig für die Aufsicht über Gewichte und Preise von Getreide und Mehl (51,3).

skólion (n., Pl.: *-ia*): Trinklied, vorgetragen beim Symposion.

sophronistḗs (m., Pl.: *-aí*): Betreuer der Epheben; jeder der zehn S. ist zuständig für die Epheben seiner Phyle.

Spartiátai (m., Sg.: *-ēs*): Spartiáten; Vollbürger Spartas.

statḗr (m., Pl.: *-res*): Statḗr; Gewichtseinheit, ab Ende des 5. Jh.s 900 bis 920 g; entsprach 100 Didrachmen (Doppeldrachmen).

stoá (f., Pl.: *-aí*): überdachte, langgestreckte Säulenhalle, Seitenwände und Rückwand geschlossen.

stratēgós (m., Pl.: *-oí*): Stratege; die zehn gewählten S. waren die höchsten Militärbefehlshaber.

sykophántēs (m., Pl.: *-ai*): Sykophánt; verächtliche Bezeichnung für jemanden, der aus politischen oder rechtlichen Aktionen Gewinn zog, indem er (1) andere durch die Drohung mit einer Klage erpreßte, (2) gegen Bezahlung politische Anträge einbrachte.

symmoría (f., Pl.: *-ai*): Symmoríe; Gruppe von Personen, die aufgrund ihres Vermögens bestimmte staatliche Aufgaben finanzieren mußten; 378/377 wurden die Symmorien für die Zahlung der Vermögenssteuer zu Kriegszwecken eingeführt; 357 wurden, vielleicht zusätzlich, 20 Symmorien zur Finanzierung der trierarchischen Aufgaben geschaffen.

synḗgoros (m., Pl.: *-oi*): Anwalt; (1) Verwandter oder Freund als privater Rechtsberater, der auch einen Teil der Redezeit vor Gericht übernehmen konnte; (2) Amtsträger; zehn erloste S. unterstützten die Logistai bei der Prüfung der Rechenschaftsablagen (54,2).

tálanton (n., Pl.: *-ta*): Talent; Gewichts- und Geldeinheit = 60 Minen = 6000 Drachmen, 26 kg (Silber).

tamías (m., Pl.: *-ai*): Schatzmeister; Einzelamt oder Amtsgremium von Tamiai zur Verwaltung verschiedener staatlicher Kassen.

taxíarchos (m., Pl.: *-oi*): Taxiárch; Befehlshaber einer *táxis*, des Hoplitenaufgebots einer Phyle (61,3).

tetréres (f., Pl.: *-eis*): Tetrére, Quadriréme; Kriegsschiff mit vier übereinander angeordneten Reihen von Ruderbänken.

Thargélia (n., Pl.): Thargélien; Fest zu Ehren des Gottes Apollon mit Prozession, Opfern und Chorwettbewerben für Männer- und Knabenchöre.

thēs (m., Pl.: *thétes*): Théte (Pl.: *-en*); (1) Angehöriger der vierten Klasse in der solonischen Verfassung, bestimmt durch einen jährlichen Ernteertrag von weniger als 200 Medimnoi (7,3–4); (2) allgemein Tagelöhner, Arbeiter.

Thēseíon (n.): Heiligtum des Heros Theseus; seine Lage ist nicht mit Sicherheit zu bestimmen.

thesmotheteíon (n.): Amtslokal der Thesmotheten (3,5); bei den Ausgrabungen nicht wiederentdeckt.

thesmothétēs (m., Pl.: *-ai*): Gremium von sechs der neun Archonten; zuständig für einen großen Teil der öffentlichen Klagen, die sie entgegennahmen und bei Gericht einführten.

thólos (f.): Rundgebäude auf der Westseite der Agora neben dem Buleuterion; Amtslokal der Prytanen.

triérarchos (m., Pl.: *-oi*): Trierárch; Bürger, der aufgrund seines Vermögens die Liturgie der Trierarchíe übernehmen mußte, also verantwortlich war für die Ausrüstung einer Triere, über die er bei Feldzügen auch das Kommando führte.

triérēs (f., Pl.: *-eis*): Triére, Triréme; Kriegsschiff mit drei übereinander angeordneten Reihen von Ruderbänken.

triēropoioí (m., Pl.; Sg.: *-ós*): Schiffsbauaufseher; Gremium von zehn gewählten Buleuten, die nach den Vorgaben der Volksversammlung für den Bau der neuen Kriegsschiffe zuständig waren.

trittýs (f., Pl.: *-ýes*): wörtl. »Drittel«; politische Einheit; jeweils drei Tríttyen bildeten eine Phyle, sowohl bei den frühen vier, als auch bei den zehn kleisthenischen Phylen (bes. 21,3–4).

týpanon (n.): auch *týmpanon*; Hinrichtungsinstrument aus Holz; Funktionsweise nicht genau bekannt (45,1).

zeugítēs (m., Pl.: *-ai*): Angehöriger der dritten Klasse in der solonischen Verfassung, bestimmt durch einen jährlichen Ernteertrag von 200–300 Medimnoi (7,3–4).

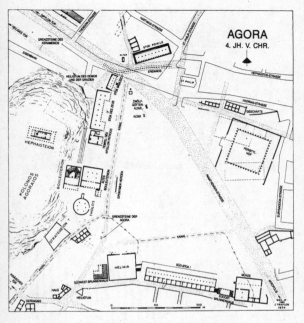

Abb. 1 Die athenische Agora um 300 v. Chr.
(Nach: Camp. Abb. 129)

a) Unterer Teil eines fragmentarisch erhaltenen Losautomaten aus Stein mit elf senkrechten Schlitzreihen

b) Rekonstruktion nach der *Athenaion Politeia*: Zwei Losautomaten und eine (herausnehmbare) Bronzeröhre zur Aufnahme der weißen und schwarzen Würfel

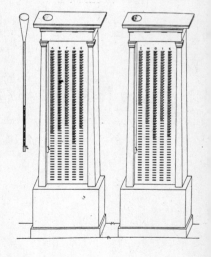

Abb. 2 Klērotérion – Losautomat
(Nach: Camp. Abb. 83, 82)

*Abb. 3   Ostraka von der athenischen Agora mit den Namen derer, die in die Verbannung gehen sollten
(Nach: Lang, Taf. 3, Nr. 651, 659, 661)*

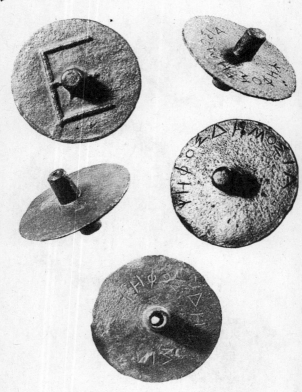

Abb. 4 Bronzene Stimmsteine (Pséphoi)
(Nach: Camp, Abb. 80)